A TOPE

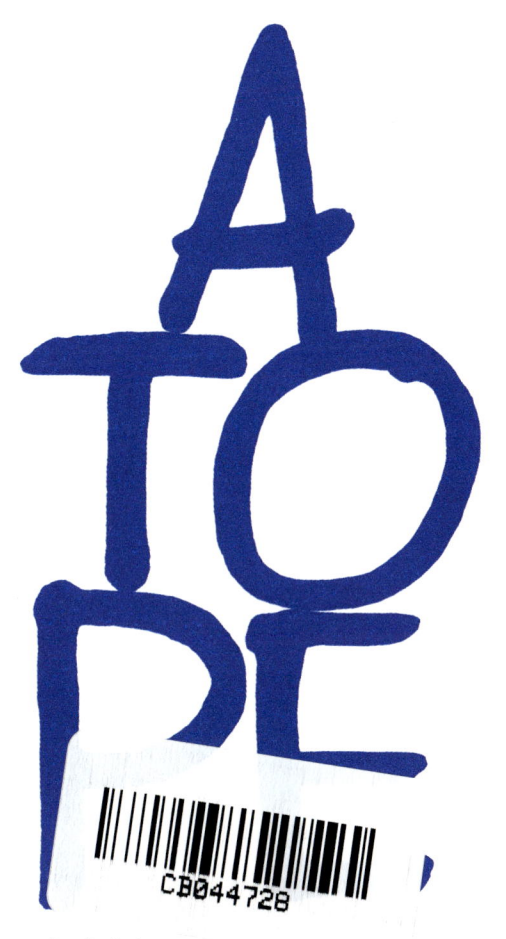

Agnès Aubertot   Xavier ...ez Rosell

Tradução Carmem Cacciacarro

martins fontes
selo martins

IDIOMAS PONS

Agnès Aubertot
Formada em francês como língua estrangeira (FLE) pela Universidade Stendhal Grenoble 3
Pós-graduada em Ciências da Educação pela Universidade de Paris 8
Professora de francês como língua estrangeira

Xavier Rodríguez Rosell
Formado em tradução e interpretação pela Universidade Autônoma de Barcelona
Tradutor e residente em Paris

© 2013 Martins Editora Livraria Ltda., São Paulo, para a presente edição.
© Difusión, Centro de Investigación y Publicaciones de Idiomas, S. L. Barcelona, 2009.
Esta obra foi originalmente publicada em francês sob o título *A tope – Le dico d'argot bilingue* por Agnès Aubertot e Xavier Rodríguez Rosell

Publisher	*Evandro Mendonça Martins Fontes*
Coordenação editorial	*Vanessa Faleck*
Produção editorial	*Cíntia de Paula*
	Valéria Sorilha
Preparação	*Egisvanda I. A. Sandes*
	Paula Passarelli
Revisão	*Silvia Carvalho de Almeida*
	Pamela Guimarães
Redação	*Eulàlia Mata Burgarolas*
	Rosa Plana Castillón
Desenho da capa e do miolo	*La japonesa*
Ilustrações	*Sergi Padró*

Dados Internacionais de Catalogação na Publicação (CIP)
(Câmara Brasileira do Livro, SP, Brasil)

Aubertot, Agnès

A tope / Agnès Aubertot, Xavier Rodríguez Rosell ; tradução Carmem Cacciacarro. – São Paulo : Martins Fontes – selo Martins, 2013.

Título original: A tope
ISBN 978-85-8063-084-8

1. Francês – Gíria – Dicionários 2. Francês – Vocabulários, glossários – Português 3. Neologismos I. Rodríguez Rosell, Xavier. II. Título. III. Série.

13-00504
CDD-443.09
-469.09

Índices para catálogo sistemático:
1. Francês : Gíria : Linguística   443.09
2. Português : Gíria : Linguística   469.09

Todos os direitos desta edição reservados à
Martins Editora Livraria Ltda.
Av. Dr. Arnaldo, 2076
01255-000 São Paulo SP Brasil
Tel.: (11) 3116 0000
info@martinseditora.com.br
www.martinsmartinsfontes.com.br

Este dicionário pretende ser um verdadeiro "dicionário de usos", de consulta fácil, para ajudar a entender e a utilizar as palavras e expressões mais úteis (mas também as mais deliciosamente saborosas!) da língua falada.

Com *A Tope*, queremos que o leitor conheça palavras e expressões atuais – não só as gírias, mas também os neologismos, os acrônimos etc., oriundos do cinema, das séries de TV, dos *chats*, *blogs* etc. Foi assim que recolhemos esta "novalíngua", presente nas novas formas de falar e escrever, tanto vindas da imigração quanto das culturas hispânica e anglo-americana. São aspectos da língua resultantes da extraordinária criatividade popular "globalizada", que renovam permanentemente a língua falada, fruto das abreviações, das transformações, das deformações das palavras já existentes ou então necessárias para nomear as novas atividades, em geral ligadas à tecnologia. É por isso que certas palavras não possuem uma ortografia definitiva e estabelecida. Nesses casos, mantivemos as transcrições utilizadas com mais frequência.

Além de um trabalho de lexicografia contemporâneo, esta obra é uma verdadeira criação autoral, com toda a subjetividade que ela implica. Assim, quisemos torná-la um livro divertido e agradável de ler.

Os autores

Lista de abreviações

abrev.	abreviação
pej.	pejorativo
expr.	expressão
f.	feminino
interj.	interjeição
iron.	em sentido irônico
loc.	locução
m.	masculino
pl.	plural
pron.	pronominal
sing.	singular
subs.	substantivo
v.	verbo
vulg.	vulgar

ESPAÑOL-PORTUGUÊS

LOS DOMINGOS ME ENCANTA TUMBARME A LA BARTOLA. • AOS DOMINGOS, ADORO FICAR SEM FAZER NADA.

ME QUEDÉ TOTALMENTE EN BLANCO EN EL EXAMEN DE FILO. ¡QUÉ PUTADA! • ME DEU UM BRANCO NA PROVA DE FILOSOFIA. QUE MERDA!

—*Vaya mierda, para ir a clase de natación tengo que **apoquinar** la matrícula del gimnasio.* • *Caramba, para ter aula de natação, tenho de bancar a inscrição na academia.*

arrastre (estar para el) *loc.*
ESTAR DETONADO/A, ESTAR PREGADO/A, ESTAR QUEBRADO/A

—*¿Salir esta noche? ¡Ni de coña! **Estoy pa'l arrastre**.* • *Sair esta noite? Nem pensar! Estou detonado.*

asqueroso/a *adj.*
NOJENTO, ASQUEROSO, REPUGNANTE

—*El solar que compré es **asqueroso** y está lleno de ratas.* • *A casa que comprei está nojenta e cheia de ratos.*

atacado/a *adj.*
ESTAR ATACADO/A, ESTAR NERVOSO/A

—*Estoy **atacada**, mañana expongo mi tesis ante el tribunal.* • *Estou nervosa, amanhã vou expor minha defesa diante do tribunal.*

TAMBÉM SE DIZ ESTOY DE LOS NERVIOS, ESTOY QUE ME SUBO POR LAS PAREDES OU, SIMPLESMENTE, ESTOY HISTÉRICO/A

atiborrarse *v. pron.*
EMPANTURRAR-SE, DEVORAR, ABARROTAR-SE

—***Nos hemos atiborrado** de patatas fritas y ahora no me apetece comer.* • *Nós nos empanturramos de batatas fritas e agora já não estou mais com vontade de comer.*

TAMBÉM SE DIZ DARSE UN ATRACÓN, PONERSE MORADO/A, COMER COMO UN/A CERDO/A...

atravesado/a (tener algo o a alguien) *loc.*
ESTAR CHEIO, ESTAR FARTO, ESTAR DE SACO CHEIO

—*¡Qué horror! Esta asignatura **la tengo atravesada**, me van a catear otra vez.* • *Que horror! Estou de saco cheio dessa matéria, vou tomar pau de novo.*

atufar *v.*
FEDER, RECENDER, CATINGAR, EXALAR MAU CHEIRO

—*Abre una ventana, por favor, aquí **atufa** a tigre.* • *Abra a janela, por favor. Está fedendo aqui.*

baboso/a *adj.*
BABÃO/ONA, ADULADOR/A, GRUDENTO/A

—*Ese tío es muy **baboso**. Se pasa el día hablando de mujeres, que si ésa está buenísima, que si la otra es un bombón…* • É um legítimo babão. Passa o tempo todo falando de mulheres, que uma é gostosa, que a outra é uma gata…

bajón *subs. m.*
FICAR DEPRIMIDO/A, CHOQUE, QUEDA

—*A Raquel le ha dado un **bajón**; ha vuelto a suspender el examen.* • Raquel ficou deprimida; foi reprovada no exame outra vez.

O CONTRÁRIO DE BAJÓN É SUBIDÓN

baldado/a *adj.*
CANSADO/A, MORTO/A (CANSAÇO)

—*¡Qué paliza nos ha metido el entrenador, estoy **baldao***!* • O treinador acabou com a gente, estou morto!

bareto *subs. m.*
BAR, BOTECO

—*Esta zona está llena de **baretos** guays.* • Esta região está cheia de botecos legais.

bartola (tumbarse a la) *loc.*
ENTREGAR-SE AO ÓCIO, DESCANSAR, FICAR SEM FAZER NADA, FICAR NA FOLGA

—*Los domingos me encanta **tumbarme a la bartola**.* • Aos domingos, adoro ficar sem fazer nada.

berenjenal *subs. m.*
CONFUSÃO, ENRASCADA

—*En buen **berenjenal** nos hemos metido.* • Em que bela confusão nos metemos!

bestial *adj.*
INCRÍVEL, FORMIDÁVEL, DEMAIS, SUPER, O MÁXIMO, FANTÁSTICO

—*En directo, ese grupo es **bestial**.* • Fala sério, esse grupo é incrível.

birra *subs. f.*
CERVEJA, LOIRA

—*¿Me pasas una **birra**? ¡Qué sed!* • Me traz uma cerveja? Que sede!

* Na língua falada, muitas vezes o "d" das palavras terminadas em "ado/a" é suprimido. Assim, diz-se "baldao" para "baldado", "cansao" para "cansado" etc. Essa forma será vista em vários exemplos deste dicionário. (N. E.)

blanco (quedarse en) loc.
TER UM BRANCO (DE MEMÓRIA)

—Me **quedé** totalmente **en blanco** en el examen de Filo. ¡Qué putada! • Me deu um branco na prova de filosofia. Que merda!

bocas subs. m. e f. sing.
1 MENTIROSO/A, FALASTRÃO/ONA, ESPERTALHÃO/ONA

—*Jaime es un* **bocas***, el tío habla mucho, se las da de listo, pero en el fondo no sabe de la misa la mitad.* • *Jaime é um falastrão, o cara fala demais, é um sabichão, mas não sabe da missa a metade.*

2 DELATOR, DEDO-DURO, DENUNCIANTE

—*¡Menudo* **bocas***, tu hermano! Ya lo ha largado todo.* • *Seu irmão é um dedo-duro! Já entregou tudo.*

Também se diz **bocazas**.

bodrio subs. m.
FIASCO, HORROR, DROGA, FRACASSO

—*La fiesta del viernes fue un* **bodrio***, nos aburrimos como ostras.* • *A balada de sexta-feira foi uma droga, estava muito chata.*

bola subs. f.
1 MENTIRA, LOROTA, BALELA

—*Eres una bocazas y además todo lo que cuentas son* **bolas***.* • *Você é um baita espertalhão e, ainda por cima, só conta mentiras.*

> Una trola é a mesma coisa que una bola. Em ambos os casos, não dá para acreditar no que se diz.

2 en bolas loc.
NU, PELADO/A

—*El pringao se quedó* **en bolas** *delante de todo el mundo.* • *O idiota ficou pelado na frente de todo mundo.*

> En bolas, en pelotas ou en cueros são três maneiras de se dizer "nu".

bollera subs. f., vulg.
LÉSBICA, SAPATÃO

—*No entiendo por qué no sale del armario de una vez, si todo el mundo sabe que es* **bollera***.* • *Não entendo por que ela não sai do armário de uma vez, todo mundo sabe que ela é sapatão.*

bollicao subs. m. e f.
GAROTO/A, MENINO/A

—*Marta siempre sale con* **bollicaos***.* • *Marta só sai com garotos.*

> Um **bollicao** é a marca de uma espécie de pão com chocolate. É o lanche típico dos adolescentes espanhóis.

bomba (pasarlo) loc.
DIVERTIR-SE, ENTRETER-SE, TER PRAZER

—*Me lo he pasado bomba conduciendo este carro, ¡es una pasada!* • *Me diverti muito dirigindo este carro. Ele é demais!*

borde adj., subs. m. e f.
CHATO/A, IDIOTA, IRRITANTE, GROSSO/A

—*Últimamente estás muy borde, ¿te pasa algo?* • *Você anda muito chato, o que está acontecendo?*

botas (ponerse las) loc.
EMPANTURRAR-SE, ENCHER A PANÇA, ENCHER-SE, COMER ATÉ ESTOURAR, FARTAR-SE

—*El sábado nos pusimos las botas en casa de Elena y Tom, comimos hasta reventar.* • *No sábado, nós nos fartamos na casa de Elena e Tom; comemos até estourar.*

> Esta expressão não é usada somente para alimentação, mas para qualquer situação que exprima uma ideia de exagero, de perda de controle.

bote subs. m.
1 CAIXINHA, VAQUINHA

—*Hay que poner 5 euros de bote para el botellón.* • *É preciso dar 5 euros para a vaquinha para a festa.*

2 a bote pronto loc.
DE BATE-PRONTO, SEM PENSAR, SEM REFLETIR

—*¿Qué cuál es mi grupo favorito? Hombre, así a bote pronto diría Coldplay.* • *Qual é a minha banda favorita? Assim, de bate-pronto, eu diria Coldplay.*

3 rubia de bote loc.
FALSA LOIRA

—*¡Qué va a ser sueca! Es rubia de bote y lleva lentillas de colores.* • *Sueca? Tá bom! É uma falsa loira com lentes de contato coloridas.*

4 tener a alguien en el bote loc.
TER ALGUÉM NO PAPO

—*Ve a hablar con él, lo tienes en el bote.* • *Fale com ele, você o tem no papo.*

botellón subs. m.
Festa (não autorizada) em espaços públicos, durante as quais os jovens tomam bebidas alcoólicas compradas no supermercado ou em loja de conveniência.

—*Esta noche hacemos botellón en la playa.* • *Esta noite faremos a festa na praia.*

braguetazo subs. m.
CASAMENTO POR INTERESSE, GOLPE DO BAÚ

Aqui, trata-se de um homem que casa com uma mulher rica.

—*Menudo braguetazo el de Sergio, se va a casar con una*

empresaria vieja que está forrada. • *O casamento do Sergio é um golpe do baú! Ele vai se casar com uma empresária velha, cheia da grana.*

brasa (dar la) *loc.*
1 ENCHER O SACO, AMOLAR

2 brasas *subs. m. e f.*
CHATO, IRRITANTE, MALA, QUE ENCHE O SACO

—*¡Ten cuidado con ese tío, que es un **brasas**, ni te acerques!* // *¡Ya, ya!, ya he visto cómo le **daba la brasa** a la pobre Mariluz.* • *Cuidado com aquele cara, é um chato, não chegue perto.* // *Eu bem que vi como ele estava enchendo o saco da coitada da Mariluz.*

bronca *subs. f.*
1 ALGAZARRA, CONFUSÃO, ESCÂNDALO, ZONA, BRIGA

—*Anoche los vecinos montaron una buena **bronca**.* • *Ontem à noite, os vizinhos fizeram a maior zona.*

2 broncas *subs. m.*
GROSSEIRO, GROSSO, MOTIVO DE CONFUSÃO

—*Él es un **broncas** de cuidado, siempre la está montando.* • *Ele é um grosso, está sempre metido em confusão.*

brutal *adj.*
INCRÍVEL, GENIAL, DEMAIS, FANTÁSTICO/A

—*El botellón será **brutal**, se ha convocado a todo Dios.* • *A festa será incrível, todo mundo foi convidado.*

buenorro/a *adj.*
BONITO/A, GATO/A, BEM APANHADO

—*Fernando está **buenorro**, se parece un montón a Orlando Bloom.* • *Fernando é um gato, ele se parece muito com o Orlando Bloom.*

buitre *subs. m.*
ABUTRE, TUBARÃO, PARASITA

—*A ése no lo invites, que es un **buitre**.* • *Não convide esse tipo, ele é um abutre.*

bujarra(s) *subs. m., vulg.*
BICHA, VEADO

—*El profe de inglés es **bujarras** fijo.* • *O professor de inglês com certeza é bicha.*

bulla *subs. f.*
CONFUSÃO, BRIGA, ENCRENCA

—*Se armó una buena **bulla** en el curro.* • *Rolou uma bela briga no trabalho.*

burrada *subs. f.*
BARBARIDADE

—*No dices más que **burradas**.* • *Você só diz barbaridades.*

CLARO QUE ESTÁ CACHAS, SE PASA LA VIDA EN EL GIMNASIO.
• CLARO QUE ELE ESTÁ SARADO, SÓ VIVE NA ACADEMIA.

MI HERMANO ES UN CHAQUETERO. ANTES DE LA FINAL IBA CON EL LIVERPOOL PERO EN EL DESCANSO DIJO QUE QUERÍA QUE GANARA EL CHELSEA.
• MEU IRMÃO É UM VIRA-
-CASACA. ANTES DA FINAL, TORCIA PELO LIVERPOOL, MAS, NO INTERVALO, DISSE QUE QUERIA QUE O CHELSEA GANHASSE.

C

caballo subs. m.
HEROÍNA, CAVALO, FARINHA

—Ese camello solo pasa **caballo**.
• Esse traficante só vende heroína.

Cabeza (estar mal de la) loc.
EXALTADO, LOUCO, MALUCO

—Ese tío **está mal de la cabeza**. Le ha echado la bronca al tío que ha evitado que lo atropellaran.
• Esse cara está maluco. Ele brigou com o sujeito que evitou que ele fosse atropelado.

cable subs. m.
1 cruzársele los cables a alguien loc.
PERDER A CABEÇA

—Le dijo al juez que había matado a su mujer porque **se le habían cruzado los cables**.
• Ele disse ao juiz que matou a mulher porque perdeu a cabeça.

2 echar un cable loc.
DAR UMA MÃO

—¡**Échame un cable** con estos papeles, por favor! No me entero de nada.
• Por favor, me dê uma mão com estes papéis! Não estou entendendo nada.

cabra (estar como una) loc.
ESTAR ESTRANHO/A, ESTAR PIRADO/A, SER BOBO/A

—**Está como una cabra**, esta pava. Habla con los maniquíes del escaparate.
• Essa garota está pirada. Está falando com os manequins da vitrine.

cabrearse v. pron.
1 ESTAR PUTO/A DA VIDA, ODIAR, TER RAIVA, ESTAR DE SACO CHEIO

—Mi hermana **se ha cabreado** conmigo por una chuminada.
• Minha irmã está puta da vida comigo por uma bobagem.

2 cabreado/a adj.
FURIOSO/A, PUTO/A DA VIDA, BRAVO

—Un camión ha golpeado su coche por detrás y, por eso, él está muy **cabreado**.
• Um caminhão bateu na traseira do carro dele e, por isso, ele está furioso.

3 cabreo *subs. m.*
CÓLERA, ÓDIO, RAIVA

—*¡Vaya **cabreo** que se agarró el jefe el otro día!* • *Outro dia, o chefe teve um de seus ataques de raiva!*

cabrón/ona *adj.*
SAFADO, CAFAJESTE, SACANA

—*Mi jefe es un **cabrón**. Le encanta putear a la gente.* • *Meu chefe é um safado, adora sacanear as pessoas.*

cacao *subs. m.*
CONFUSÃO, DESORDEM, BAGUNÇA

—*Cuanto más estudio, más **cacao** tengo en el coco.* • *Quanto mais estudo, mais confuso fico.*

cachas *adj.*
SARADO/A, ROBUSTO, FORTE

—*Claro que está **cachas**, se pasa la vida en el gimnasio.* • *Claro que ele está sarado, só vive na academia.*

cacho *subs. m.*
1 PEDAÇO
—*Dame un **cacho** de eso que estás comiendo.* • *Me dá um pedaço disso que você está comendo.*

2 pillar cacho *loc.*
TRANSAR, PAQUERAR, PEGAR ALGUÉM

—*Anoche fue un desastre, no **pillamos cacho**.* • *Ontem à noite foi um desastre, não pegamos ninguém.*

cachondearse *v. pron.*
1 GOZAR, RIR DA CARA DE ALGUÉM, ZOMBAR, TIRAR SARRO
—*Deja de **cachondearte** de su napia o te romperá la tuya.* • *Para de gozar do nariz dele ou ele vai quebrar o seu.*

2 cachondeo *subs. m.*
GOZAÇÃO, BRINCADEIRA

—*En la clase siempre hay mucho **cachondeo**.* • *Na classe, é gozação o tempo todo.*

cachondo/a *adj., subs.*
1 GOZADOR/A, BRINCALHÃO/ONA
—*Blanca es una **cachonda** mental.* • *Blanca é muito brincalhona.*

2 EXCITANTE, EXCITADO/A, COM TESÃO
—*Joder, tío, me estoy poniendo muy **cachondo**.* • *Caralho, cara, estou ficando excitado.*

cagada *subs. f.*
IDIOTICE, MERDA, ASNEIRA, CAGADA

—*Pedazo de **cagada** la que acabo de hacer en el trabajo.* • *Bela cagada que acabei de fazer no trabalho!*

cagadero *subs. m.*
PRIVADA, LATRINA, CASINHA

cagado/a (estar) *loc.*
TER MEDO, ESTAR BORRADO DE MEDO, ESTAR CAGADO DE MEDO

—**Estoy cagada**, tía, la jefa me ha dicho que vaya a verla. • Estou com medo, a chefe me chamou.

cagalera *subs. f.*
CAGANEIRA, DIARREIA

—He comido tantas ciruelas que me ha dado **cagalera**. • Comi tantas ameixas que tive caganeira.

cagarse *v. pron.*
1 CAGAR NAS CALÇAS, TER MEDO

—**Te vas a cagar** cuando se entere el jefe. • Você vai cagar nas calças quando o chefe souber.

2 cagarla *v.*
ERRAR, ENGANAR-SE, ESTRAGAR

—**La he cagado** en ese proyecto. • Eu estraguei esse projeto.

3 cagarse de frío *loc.*
MORRER DE FRIO, CAGAR-SE DE FRIO

—Cierra la ventana, **nos cagamos de frío**. • Feche a janela, estamos morrendo de frio.

4 cagarse de miedo *loc.*
TER MEDO, CAGAR NAS CALÇAS, TER CAGAÇO, MIJAR-SE

—Vaya broma más estúpida. **Me he cagado de miedo**, ¡gilipollas! • Que brincadeira mais estúpida! Me caguei de medo, idiota!

5 cagarse en alguien *loc.*
NÃO ESTAR NEM AÍ, NÃO LIGAR, POUCO SE FODER PARA ALGUÉM

—Mi jefe me ha dicho que tenía una mentalidad de funcionario. **¡Me cago en este gilipollas!** • O chefe disse que eu tinha mentalidade de empregadinho! Estou pouco me fodendo para esse idiota!

6 cagarse en todo *loc.*
ESTAR DE SACO CHEIO

—Me han robado en mi propia casa. **Me cago en todo**. • Me roubaram em minha própria casa. Estou de saco cheio.

7 que te cagas *expr., vulg.*
MUITO BOM/BOA, DEMAIS, INCRÍVEL

—La paella valenciana está **que te cagas**. No te la puedes perder. • A paella valenciana está demais. Você não pode deixar de provar.

calada *subs. f.*
TRAGADA, CACHIMBADA

—Dame una **calada**, que no me quiero fumar un piti entero. • Me dá uma tragada, não quero fumar um cigarro inteiro.

caldo (poner a) *loc.*
DAR UM ESPORRO, DAR UMA BRONCA

—*Te **pusieron a caldo** en la reunión.* • *Te deram um esporro durante a reunião.*

> Também se diz **poner de vuelta y media**, **poner verde** ou **poner a parir**, embora a expressão mais comum seja **rajar**.

calentón *subs. m.*
EXCITAÇÃO, SER QUENTE, EXCITADO/A

—*Esa tía simplemente se cachondeó de mí y yo me fui a casa con un buen **calentón**.* • *Essa mina só se divertiu comigo. Voltei para casa todo excitado.*

calentorro/a *adj.*
DEVASSO/A, PERVERTIDO/A, LIBERTINO/A, QUE TEM FOGO NO RABO, EXCITADO/A

—*Carlos es un **calentorro**. Solo piensa en follar.* • *Carlos é um devasso. Só pensa em trepar.*

calientapollas *subs. m. e f., vulg.*
SEDUTOR/A, LIBERTINO/A, PROVOCADOR/A

—*¡Es una **calientapollas**!* • *É uma provocadora!*

Também se diz **calientabraguetas**.

calimocho *subs. m.*
MISTURA DE VINHO E COCA-COLA (tomada pelos jovens)

—*En la uni no teníamos mucha pasta, así que nos poníamos ciegos de **calimocho**.* • *Não tínhamos muita grana na faculdade, então nos embebedávamos com calimocho.*

> TAMBÉM PODE SER ESCRITO **KALIMOTXO**

callejear *v.*
VAGAR, PERAMBULAR, ZANZAR

—*Ayer estuvimos **callejeando** por Barcelona y nos encantó.* • *Ontem, perambulamos por Barcelona e adoramos.*

callo *subs. m.*
1 BARANGA, MOCREIA, CANHÃO

—*Raúl dice que aquí solo hay **callos**, no entremos.* • *O Raúl disse que aqui só tem barangas. Não vamos entrar.*

2 dar el callo *loc.*
RALAR, DAR DURO

—*Aquí nadie **da el callo**, ¡vaya panda de vagos!* • *Aqui ninguém dá duro. Bando de preguiçosos!*

calvo (hacer un) *loc.*
MOSTRAR O TRASEIRO

—*Héctor siempre acaba la noche **haciendo calvos**.* • *Héctor sempre termina a noite mostrando o traseiro.*

calzonazos *subs. m.*
BUNDA-MOLE, MARICAS, COVARDE

—*El marido de Carmen es un **calzonazos**.* • *O marido de Carmen é um bunda-mole.*

camelar *v.*
CONVENCER, ENROLAR, ENGANAR, PASSAR A CONVERSA

—*Al final el vendedor me acabó **camelando** y compré la cafetera.* • *O vendedor me convenceu e acabei comprando a cafeteira.*

camello *subs. m.*
TRAFICANTE

—*Ese **camello** solo pasa caballo.* • *Esse traficante só vende heroína.*

canutas (pasarlas) *loc.*
PASSAR POR MAUS MOMENTOS, COMER O PÃO QUE O DIABO AMASSOU

—*En la posguerra mis abuelos **las pasaron canutas**.* • *Depois da guerra, meus avós comeram o pão que o diabo amassou.*

canuto *subs. m.*
BASEADO, BAGULHO, FUMO

—*Este **canuto** está supercargado, tío.* • *Cara, este bagulho é forte.*

TAMBÉM SE DIZ PETA, PORRO, FLY...

cantar *v.*
1 CONFESSAR, DEDAR, DELATAR, ABRIR O BICO

—*Al final el detenido acabó **cantando**.* • *No final, o preso acabou delatando.*

2 cantar las cuarenta *loc.*
REPREENDER SEVERAMENTE, CENSURAR, DAR UMA BRONCA

—*Mi madre me **cantó las cuarenta** por llegar tarde.* • *Minha mãe me deu uma bronca porque cheguei tarde.*

caña *subs. f.*
1 CHOPE

—*Invítame a una **caña**, tío.* • *Me paga um chope, cara?*

2 meter caña *loc.*
PERSEGUIR OU PRESSIONAR ALGUÉM, DAR EM ALGUÉM

—*¡Venga tío! ¡**Métele caña**!* • *Vai, cara! Dá nele!*

cañero/a *adj.*
O MÁXIMO, DEMAIS, INCRÍVEL, EXCELENTE

—*Este garito es muy **cañero**.* • *Esta discoteca é o máximo.*

cañón *adj.*
LINDA, INCRÍVEL, DEMAIS

—*La novia de Paul está **cañón**.* • *A namorada de Paul é demais.*

capullo/a *subs.*
IDIOTA, IMBECIL

—El amigo de Ramón es un **capullo**.
• O amigo de Ramón é um imbecil.

carca *adj., subs. m. e f.*
RETRÓGRADO/A, ULTRAPASSADO/A, CARETA

—Mi padre es un **carca**. • Meu pai é um careta.

cardo *adj., subs.*
FEIO/A, MONSTRO

—Ese tío me ha llamado **cardo**, ¡será capullo! • Esse cara me chamou de monstro! Que idiota!

> **Cardo borriquero** seria a versão completa. Também se diz **callo** ou **callo malayo**.

cargarse *v. pron.*
1 MATAR, APAGAR, LIQUIDAR, ELIMINAR, EXTERMINAR

—**Se han cargado** a un capo de la mafia. • Eliminaram o chefe da máfia.

2 ESTRAGAR, DANIFICAR, PREJUDICAR, ARRUINAR, DETONAR

—¿Quién **se ha cargado** la mesa?
• Quem estragou a mesa?

3 cargárselas *loc.*
RECEBER UMA PUNIÇÃO, PAGAR O PATO, SER O CULPADO

—Siempre **me las acabo cargando** yo. ¡Estoy harto! • Sou sempre eu quem paga o pato. Estou cheio!

cascado/a *adj.*
DESGASTADO, ESTROPIADO, ESGOTADO

—Antonio está ya muy **cascado** para seguir el ritmo que lleva.
• Antonio está muito desgastado para continuar no mesmo ritmo.

cascársela *v. pron., vulg.*
MASTURBAR-SE

catear *v.*
FALHAR, SER REPROVADO, FRACASSAR, TOMAR PAU

—En casa me van a matar, lo he vuelto a **catear** todo. • Vão me matar lá em casa. Tomei pau em todas as provas.

cateto/a *subs.*
CHUCRO/A, PANACA, CAIPIRA, BRONCO

—No tienes ni idea de nada, eres un **cateto**. • Você não sabe nada de nada, é um panaca.

catre *subs. m.*
CAMA, CATRE

—Estoy hecha polvo, me voy al **catre**.
• Estou esgotada, vou para a cama.

cegato/a *adj.*
CEGUETA

—Almu debería ir al oculista porque está totalmente **cegata**. • Almu deveria ir ao oculista, ela está totalmente cegueta.

cepillarse *v. pron.*

1 APAGAR, LIQUIDAR, DAR FIM

—*Se han cepillado al jefe de la mafia.* • *Liquidaram o chefe da máfia.*

2 TRAÇAR, TREPAR, COMER, PEGAR

—*Ese tío se cepilla todo lo que se mueve.* • *Esse cara traça qualquer coisa que se mova.*

cháchara (estar de) *loc.*

PAPEAR, FICAR DE PAPO, CONVERSAR, PROSEAR

—*Anoche estuvimos de cháchara hasta las tantas.* • *Ontem, ficamos de papo até tarde.*

chalado/a *adj.*

DOIDO/A, LOUCO/A, MALUCO/A

—*Salir a pasear con la que está cayendo es de chalaos.* • *Sair com a chuva que está caindo é coisa de maluco.*

ESTAR TARADO/A, ESTAR PIRADO/A, ESTAR COMO UNA REGADERA, ESTAR COMO UNA CHOTA, ESTAR COMO UNA CABRA...
A LÍNGUA ESPANHOLA DISPÕE DE UMA AMPLA GAMA DE EXPRESSÕES REFERENTES À LOUCURA EM TODOS OS SENTIDOS: DIVERTIDOS E NEGATIVOS TAMBÉM

chapar *v.*

FECHAR

—*¿A qué hora chapa la disco?* • *A que horas a discoteca fecha?*

chapucero/a *adj.*

1 FEITO NAS COXAS, MALFEITO

—*Ya he entregado el trabajo de Física. Me ha quedado chapucero.* • *Já entreguei o trabalho de Física. Fiz nas coxas.*

2 chapuza *subs. f.*
SERVIÇO DE PORCO, MALFEITO

—*Los paletas me han hecho una chapuza en casa que mejor ni te cuento. Estoy desesperada.* • *Nem te conto, os marceneiros fizeram um serviço de porco lá em casa. Estou desesperada.*

chaquetero/a *adj., subs.*

VOLÚVEL, VIRA-CASACA
(oportunista)

—*Mi hermano es un chaquetero. Antes de la final iba con el Liverpool pero en el descanso dijo que quería que ganara el Chelsea.* • *Meu irmão é um vira-casaca. Antes da final, torcia pelo Liverpool, mas, no intervalo, disse que queria que o Chelsea ganhasse.*

chatear *v.*

BATER PAPO, CONVERSAR EM *CHAT* NA INTERNET

—*Blanca se pasa todo el día chateando.* • *Blanca passa o dia batendo papo na internet.*

chati *subs. f.*
GATINHA, MINA, GAROTA

—Pedro y yo hemos quedado con dos **chatis** que conocimos en la disco el sábado pasado. • Pedro e eu ficamos com duas gatinhas que conhecemos na discoteca sábado passado.

> **Churri** pode se referir à namorada de alguém ou a qualquer garota. **Chati** tem somente um significado: qualquer garota.

china *subs. f.*
HAXIXE (porção pequena)

—He perdido la **china** por el camino. • Perdi meu haxixe no caminho.

chiringuito *subs. m.*
BARRACA, QUIOSQUE

—Ayer estuvimos en los **chiringuitos** de la playa. • Ontem estivemos nos quiosques da praia.

chiripa (de) *expr.*
GOLPE DE SORTE, POR ACASO, POR MILAGRE

—Marcó un gol **de chiripa**. • Ele marcou um gol na sorte.

chirona *subs. f.*
CADEIA, PRISÃO, XADREZ, XILINDRÓ

—Lo metieron en **chirona** por pasar costo delante del insti. • Ele foi para a cadeia porque vendia droga na frente da escola.

chisme *subs. m.*
1 TRECO, COISA, TROÇO, TREM

—Pásame ese **chisme** para cortar. • Me passa esse treco de cortar.

2 FOFOCA, MEXERICO, FALATÓRIO

—¿Has oído los **chismes** que cuentan de Lola? • Você ouviu as fofocas que estão contando sobre a Lola?

chivarse *v. pron.*
1 DELATAR, DEDURAR, ENTREGAR, DENUNCIAR

—El soplón **se chivó** a la bofia y les dijo dónde entregarían la merca. • O dedo-duro denunciou à polícia o local de entrega da droga.

2 chivato/a *subs.*
DELATOR, DEDO-DURO, DENUNCIANTE

—¡Menudo **chivato**, tu hermano! • Que dedo-duro o seu irmão!

chochear *v.*
FALAR BESTEIRAS

—No sé qué te pasa, pero últimamente **chocheas** mucho. • Não sei o que acontece, mas você tem falado muita besteira ultimamente.

cholo/a subs.
MALOQUEIRO, RALÉ, MARGINAL

—¡Joder, tío, casi me zurro con un **cholo** en ese garito! • Puta merda, cara, quase me pego com um marginal nesse boteco!

chorbo/a subs.
CARA, NAMORADO/A, TIPO, MINA, GAROTA

—El **chorbo** de su hermana está estudiando Medicina. Dentro de poco será un buen partido. • O namorado da sua irmã está fazendo Medicina. Logo ele será um bom partido.

chorizar v.
1 AFANAR, ROUBAR, SUBTRAIR, ABAFAR, PEGAR, FURTAR

—Me han intentado **chorizar** el bolso en el metro. • Tentaram afanar a minha bolsa no metrô.

2 chorizo/a subs.
BATEDOR DE CARTEIRA, LADRÃO, LARÁPIO

—Tienes que tener mucho cuidado porque ese barrio está lleno de **chorizos**. • Preste muita atenção, este bairro está cheio de ladrões.

Além de **chorizar**, também podemos **mangar** ou **birlar** alguma coisa, mas cuidado para não ser flagrado!

chorrada subs. f.
BESTEIRA, BOBAGEM

—¡No dices más que **chorradas**, calla un poco! • Você só diz besteiras, cale a boca um pouco!

Também se diz **chuminada**.

chuches subs. f. e pl.
PETISCOS, GULOSEIMAS

—De tanto comer **chuches**, a tu hijo se le van a pudrir los dientes. • De tanto comer guloseimas, os dentes do seu filho vão apodrecer.

chucho subs. m.
CACHORRO, CÃO, CACHORRINHO

—¿Te gustan los **chuchos**? • Você gosta de cachorrinhos?

chulo/a adj., subs.
1 GENIAL, LEGAL, BACANA, ELEGANTE

—Me flipa tu chupa, es de lo más **chula**. • Adoro a sua jaqueta, ela é muito bacana.

2 METIDO/A, VAIDOSO/A, FANFARRÃO

—No me mola el novio de Blanca, es un poco **chulo**. • Não gosto do namorado da Blanca, ele é um pouco metido.

3 CAFETÃO, PROXENETA subs. m.

—La verdad es que parece su **chulo**. • A verdade é que ele parece seu cafetão.

chunda chunda subs. m.
MÚSICA ELETRÔNICA (hard trance)

—*Vamos al garito de la esquina, que tiene buena pinta.* // *Yo paso, que es de **chunda chunda** y no me mola nada.* • *Vamos à discoteca da esquina, parece legal.* // *Não conte comigo, eles tocam música eletrônica e isso me enche.*

chungo/a *adj., subs.*

1 SUSPEITO, ESTRANHO, BIZARRO

—*Ese tío es un **chungo**, siempre está metido en todas las movidas.* • *Esse cara é estranho, está sempre metido em confusão.*

2 DIFÍCIL, COMPLICADO, COMPLEXO, ARRISCADO, PERIGOSO

—*La situación la veo un poco **chunga**.* • *Acho a situação um pouco complicada.*

3 NÃO ESTAR NOS MELHORES DIAS, ABORRECIDO/A, ADOENTADO/A, INDISPOSTO/A

—*Laura no ha ido a trabajar porque estaba un poco **chunga**.* • *Laura não foi trabalhar porque estava um pouco indisposta.*

chupado/a *adj.*
SER SOPA, SER MOLEZA, ESTAR NO PAPO

—*¿Por qué no le preguntas a mi hermano? Para él, tu ejercicio de Química está **chupado**. Es químico.* • *Por que você não pergunta ao meu irmão? Para ele, seu exercício de Química é moleza. Ele é químico!*

chupetón *subs. m.*
CHUPÃO

—*¡Vaya **chupetón** que llevas en el cuello, tía, ponte un pañuelo!* • *Você está com um baita chupão no pescoço. Use uma echarpe!*

chupito *subs. m.*
DIGESTIVO (à mesa), TRAGO (bebida)

Licor normalmente servido ao final de uma refeição, em copinhos de 5 ou 6 centímetros de altura. Em geral, é tomado de um trago.

—*Creo que anoche nos pasamos un poco con los **chupitos**.* • *Acho que ontem à noite abusamos dos digestivos.*

churri *subs. m. e f.*
AMADO/A, GAROTO/A, NAMORADO/A

—*Voy a pegarle una hostia a esta pava si sigue mirando a mi **churri**.* • *Vou pegar essa garota se ela continuar olhando para o meu namorado.*

churro/a *subs.*
SERVIÇO DE PORCO, TRABALHO PORCO, PORCARIA

—*No puedo presentar este dibujo, me ha salido un **churro**.* • *Não posso apresentar este desenho, ficou uma porcaria.*

chusma *subs. f.*
RALÉ, ESCÓRIA, POVINHO

—En este barrio solo hay **chusma**. • Neste bairro só tem ralé.

ciego/a subs., adj.
1 BEBEDEIRA, PORRE

—¡Menudo **ciego** llevabas el sábado! • Você estava num belo porre sábado!

2 BÊBADO/A, ALTERADO/A

—Creo que todos íbamos muy **ciegos** el sábado. • Acho que estávamos muito bêbados no sábado.

cien (poner a) loc.
EXCITANTE, EXCITAR SEXUALMENTE, AGRADAR SEXUALMENTE, DEIXAR LOUCO

—A mí, Elena me **pone a cien**. • A Elena me deixa louco.

clavar v.
CUSTAR OS OLHOS DA CARA, EXPLORAR

—No vayas a ese restaurante, que te **clavan**. • Não vá àquele restaurante porque custa os olhos da cara.

cobrar v.
PAGAR CARO POR ALGUMA COISA

—¡Laurita, como sigas así vas a **cobrar**! • Laurita, você vai pagar caro se continuar assim!

cocer v.
TRAMAR, MAQUINAR

—No sé de qué hablan esos dos, pero algo están **cociendo**. • Não sei do que esses dois estão falando, mas estão tramando alguma coisa.

coco subs.
1 CABEÇA, CUCA, COCO

—¡Me va a estallar el **coco**! • Minha cabeça vai explodir!

2 comerse el coco loc.
ESQUENTAR A CABEÇA, PREOCUPAR-SE

—No **te comas el coco**, al mediodía haremos bocadillos. • Não esquente a cabeça, faremos uns sanduíches ao meio-dia.

cojones interj.
1 estar hasta los cojones loc.
ESTAR CHEIO, ESTAR DE SACO CHEIO

—Andrés **está hasta los cojones** de su madre, se va a independizar pronto. • Andrés está de saco cheio da mãe, ele vai se emancipar em breve.

2 tocar los cojones loc.
CHATEAR ALGUÉM, ENCHER A PACIÊNCIA, ENCHER O SACO

—Ya empiezas a **tocarme los cojones** con tus problemas sexuales, me importan una mierda. • Você está começando a me encher com seus problemas sexuais. Isso não me interessa.

cojonudo/a *adj., vulg.*
GENIAL, DE FODER, DEMAIS

—Me parece **cojonudo** que salgamos de excursión. • Acho genial fazermos uma excursão.

colar *v.*
1 PEGAR, COLAR (convencer)

—¡Vaya excusa te has inventado! No **cuela**, tío. • Ah, bela desculpa você inventou! Não cola, cara.

2 colado/a (estar) *loc.*
ESTAR APAIXONADO/A, ESTAR GAMADO/A

—**Está** totalmente **colado** por esa chavala. Solo habla de ella. • Ele está completamente gamado nessa garota. Só fala dela.

colega *subs. m. e f.*
COLEGA, AMIGO, CARA

—¡Qué pasa, **colega**! • E aí, cara?

colegueo *subs. m.*
CAMARADAGEM

colgado/a *adj., subs.*
1 PERDIDO/A, INCAPAZ, FOLGADO/A

—Miguel es un **colgado**. No hace nada en todo el día. • Miguel é um folgado. Não faz nada o dia todo.

2 APAIXONADO/A, AMARRADO/A, VIDRADO/A, VICIADO/A

—Mario está **colgado** del Facebook. • Mario é vidrado no Facebook.

3 dejar colgado/a *loc.*
DEIXAR PLANTADO/A, DEIXAR NA MÃO

—Me **dejaron colgada** en el último garito. Se fueron sin decir nada. • Eles me deixaram plantada no último bar. Foram embora sem dizer nada.

4 colgarse *v. pron.*
FICAR NA FOLGA, NÃO FAZER NADA

—Esta semana **me he colgado** un poco. No sé si habré terminado el trabajo para el jueves. • Esta semana estou um pouco na folga. Não sei se terminarei tudo para quinta-feira.

colocón *subs. m.*
CURTIÇÃO, FICAR DE BARATO

—El **colocón** es la única manera que tiene de divertirse. • Ficar de barato é a única maneira de se divertir que ele conhece.

columpiarse *v. pron.*
1 LEVAR NA BOA

—**Me he columpiado** mazo con este tema. A ver si me pongo las pilas. • Fui levando esse tema na boa e agora vou ter de dar um gás.

2 ERRAR, ENGANAR-SE

—Este tío **se ha columpiado**. Todas las cifras están mal. • Esse cara se enganou. Os números estão todos errados.

LITERALMENTE
COLUMPIARSE SIGNIFICA
"BALANÇAR-SE"

coña (de) subs.
1 estar de coña loc.
ESTAR DE BRINCADEIRA, ESTAR DE GOZAÇÃO, ESTAR DE SACANAGEM

—*Estás **de coña**, ¿no?* • *Você está de gozação, né?*

2 BOM
—*Comimos **de coña** en el restaurante y encima era barato.* • *O restaurante era bom e, ainda por cima, barato.*

coñazo subs. m.
CHATO/A, SACO, IRRITANTE, INCÔMODO

—*¡Qué **coñazo** tener que ir a casa de Pepe a comer!* • *Que saco ter de ir comer na casa do Pepe!*

correrse v. pron., vulg.
GOZAR (sexualmente), ATINGIR O ORGASMO, TER PRAZER

—*Las actrices porno simulan que **se corren**. No te creas que tienen orgasmos reales.* • *As atrizes pornô fingem gozar. Não pense que elas têm orgasmos de verdade.*

cortado/a adj.
TRAVADO/A, TÍMIDO/A, ENVERGONHADO/A

—*Noa es muy **cortada**.* • *Noa é muito tímida.*

corte subs. m.
CORTADA, INTERRUPÇÃO BRUSCA, FORA

—*¡Qué **corte** me metió Gael el otro día!* • *Que fora o Gael me deu outro dia!*

costo subs. m.
HAXIXE, MACONHA, FUMO

—*¿Tienes **costo**?* • *Você tem fumo?*

crack subs. m. e f.
FERA (bom), CRAQUE

—*Mi hermana es una **crack** del billar.* • *Minha irmã é fera no bilhar.*

crudo (tenerlo) loc.
SER DIFÍCIL, SER COMPLICADO

—*Lo de ir a esquiar este finde creo que **lo tenemos crudo**.* • *Acho que será complicado ir esquiar neste fim de semana.*

cuadros (quedarse a) loc.
FICAR PARALISADO/A, FICAR SEM AÇÃO, FICAR CONTRA A PAREDE

—***Me quedé a cuadros** cuando me dimitieron.* • *Fiquei sem ação quando me despediram.*

cuba (como una) *loc.*
BÊBADO/A COMO UM GAMBÁ, DE PORRE, EMBRIAGADO/A

—*Al final de la noche iba **como una cuba**.* • *No fim da noite, ela estava bêbada como um gambá.*

cubata *subs. m.* (cubalibre)
CUBA-LIBRE, COQUETEL, DRINK

Normalmente é servida em um copo longo. Originalmente, a **cubalibre** é a mistura de rum e Coca-Cola que se tornou um coquetel conhecido com o passar do tempo.

—*María, ¿me pides un **cubata**, porfi?* • *María, peça uma cuba-libre para mim, por favor?*

cuchitril *subs. m.*
POCILGA, CHIQUEIRO

—*Tu casa parece un **cuchitril**.* • *Sua casa parece um chiqueiro.*

cuento chino *subs. m.*
MENTIRA, INVENÇÃO, CONVERSA FIADA

—*¡No me cuentes **cuentos chinos**, que no me creo nada de lo que dices!* • *Não me venha com conversa fiada, não acredito em nada do que você diz!*

cuerno *subs. m.*
1 poner los cuernos *loc.*
PÔR CHIFRES, TRAIR, CORNEAR

—*Ahora ha sido ella la que le ha **puesto los cuernos**.* • *Agora foi ela que o corneou.*

2 romperse los cuernos *loc.*
QUEIMAR OS NEURÔNIOS, RALAR, TRABALHAR OU ESFORÇAR-SE MUITO

—***Me rompo los cuernos** un día sí y otro también y no recibo absolutamente nada a cambio. ¡No puedo más!* • *Ralo todo dia e não recebo nada em troca. Chega!*

cuesco *subs. m.*
PEIDO

—*¡Como apesta aquí! ¡Deja de tirarte **cuescos**!* • *Que fedor aqui! Pare de peidar!*

culo *subs. m.*
1 CU, RABO, BUNDA

2 caer como el culo *loc.*
NÃO SUPORTAR ALGUÉM, NÃO GOSTAR DE ALGUÉM, NÃO PODER VER ALGUÉM

—*Si te digo la verdad, tu amigo **me cayó como el culo**.* • *Para dizer a verdade, não suporto o seu amigo.*

3 mover el culo *loc.*
MEXER-SE

—***Mueve el culo**, tío, que te estás apalancando mogollón.* • *Mexa-se, você está muito acomodado.*

4 partirse el culo *loc.*
RIR ÀS GARGALHADAS, ROLAR DE RIR

—*Mira este vídeo. Es pa'**partirse el culo**.* • *Olha esse vídeo, é de rolar de rir.*

5 quedar como el culo *loc.*
BANCAR O BOBO/A, FAZER-SE DE IDIOTA

—***Quedé como el culo** delante de todo el mundo. Llegué 10 minutos tarde a la reunión.* • *Banquei o bobo na frente de todo mundo. Cheguei com 10 minutos de atraso à reunião.*

6 ser culo y mierda *loc.*
SER UNHA E CARNE

—*Obélix y Astérix **son culo y mierda**, siempre luchan juntos contra los romanos.* • *Obelix e Asterix são unha e carne, sempre lutam juntos contra os romanos.*

7 tonto/a del culo *loc.*
IMBECIL, IDIOTA

—*Mi primo es **tonto del culo**. Ahora dice que no me puede devolver la pasta que me debe.* • *Meu primo é um verdadeiro imbecil. Só agora ele vem dizer que não pode devolver a minha grana.*

currar *v.*
1 PEGAR NO BATENTE, RALAR, CAMELAR, TRAMPAR

—*¿A qué hora sales de **currar**?* • *A que horas você sai do trampo?*

2 currante *adj., subs.*
TRABALHADOR/A

—*Julia es muy **currante**.* • *Julia é muito trabalhadora.*

3 currárselo *v. pron.*
MEXER-SE, ESFORÇAR-SE

—*O **te lo curras** un poco, o Martina va a seguir pasando de ti como de la mierda.* • *Se você não se mexer, a Martina vai continuar o desprezando.*

4 curro *subs. m.*
TRABALHO, TRAMPO

—*María está hasta las narices del **curro**.* • *A María está de saco cheio do trabalho.*

cursi *adj.*
BREGA

—*Las historias románticas como la de "Titanic" son realmente **cursis**.* • *As histórias rômanticas como a do "Titanic" são realmente bregas.*

cutre *adj.*
BREGA, CAFONA

—*Eso que has hecho es muy **cutre**.* • *Isso que você fez é muito brega.*

cutrez *subs. f.*
FULEIRO/A, MEDIOCRIDADE, FEIURA, QUE É BREGA

—*La canción ganadora de Eurovisión es una auténtica **cutrez**.* • *A música vencedora do Eurovisión é muito fuleira.*

Também se diz **cutrerío** *(subs. m.)* ou **cutrada** *(subs. f.)*

D

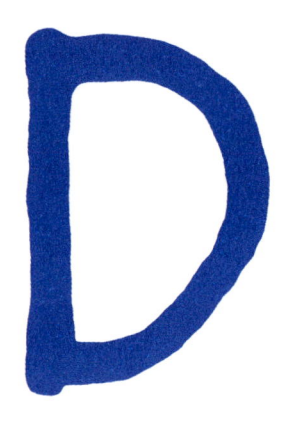

depre (estar) *loc.*
(TER) DEPRESSÃO, TRISTEZA, MELANCOLIA, BAIXO-ASTRAL, ESTAR DEPRÊ

—*Desde que la dejó Manolo que está depre.* • *Desde que Manolo a deixou, ela está deprê.*

descarado *expr.*
DEMOROU!, CLARO!

—*¿Sales esta noche de farra con nosotros? // ¡Descaraoooo!* • *Você vai para a balada com a gente esta noite? // Demorou!*

TAMBÉM FNO

descojonarse *v. pron.*
MORRER DE RIR, MIJAR DE RIR, RIR ÀS GARGALHADAS

—*¡Cómo nos descojonamos con sus chistes verdes!* • *Morremos de rir com as suas piadas sujas!*

desfasar *v.*
ENCHER A CARA

—*La verdad es que en la fiesta del viernes desfasamos un huevo.* • *A verdade é que enchemos a cara na festa de sexta-feira.*

desmadre *subs. m.*
BAGUNÇA, LOUCURA, DESORDEM, ZONA

—*En la fiesta del viernes el desmadre fue tal que acabó viniendo la pasma.* • *Na festa de sexta-feira, a bagunça foi tanta que a polícia acabou aparecendo.*

despellejar *v.*
FALAR MAL DE ALGUÉM, CRITICAR, ACABAR COM ALGUÉM (denegrindo)

—*Os estáis pasando, pobre chaval, lo estáis despellejando vivo.* • *Vocês estão exagerando, coitado, estão acabando com ele.*

despelotarse *v. pron.*
1 FICAR NU EM PELO, TIRAR A ROUPA, FICAR PELADO

—*Como no tenían sus bañadores, se despelotaron y se tiraron a la piscina.* • *Como não tinham roupa de banho, ficaram pelados e se jogaram na piscina.*

2 despelote *subs. m.*

a STRIPTEASE

—*Ya veo que me perdí el **despelote** del siglo.* • *Pelo visto, perdi o striptease do século.*

b LOUCURA, BAGUNÇA, ZONA, DESORDEM

desplumar *v.*
DEPENAR, ROUBAR

—*Al pobre guiri lo **desplumaron** en aquel callejón.* • *O pobre turista foi depenado naquele beco.*

diálogo de besugos *loc.*
CONVERSA DE SURDOS

—*El debate de ayer fue un **diálogo de besugos**. Cada uno a su bola sin escuchar al otro.* • *O debate de ontem foi uma conversa de surdos. Cada um falava uma coisa sem escutar o outro.*

dólar (montarse en el) *loc.*
FAZER FORTUNA, ENRIQUECER, MONTAR NA GRANA

—*Pepe está **montado en el dólar**, se ha comprado otro BMW.* • *Pepe está montado na grana, comprou outro BMW.*

domingas *subs. f. pl.*
SEIOS, PEITOS

—*No puedo evitar mirarle las **domingas** a la chica nueva de la oficina.* • *Não consigo deixar de olhar os peitos da novata do escritório.*

dominguero/a *subs.*

1 FAROFEIRO/A

—*Los fines de semana de agosto es imposible encontrar un metro cuadrado libre en la playa. Está a petar de **domingueros**.* • *Nos finais de semana de agosto é impossível encontrar um metro quadrado livre na praia. Está cheia de farofeiros.*

2 DOMINGUEIRO, MOTORISTA DE DOMINGO

—*Mira a este **dominguero**, cómo circula por la rotonda. ¡No se la pega de milagro!* • *Olha como esse domingueiro faz o balão. É um milagre não acontecer um acidente!*

don nadie (ser un) *loc.*
JOÃO-NINGUÉM, INÚTIL

—*Mi vecino **es un don nadie**.* • *Meu vizinho é um joão-ninguém.*

E

echao pa'lante *loc.*
CORAJOSO/A

—Mi novio es muy **echao pa'lante**, no le tiene miedo a nada. • Meu namorado é corajoso, não tem medo de nada.

embolado *subs. m.*
ENCRENCA, ENRASCADA, ESTAR EM MAUS LENÇÓIS

—¡Tío, en menudo **embolao** te has metido! • Cara, você está numa bela enrascada!

empalmarse *v. pron., vulg.*
TER EREÇÃO, FICAR EXCITADO

—¡Nena, cuando te acercas **me empalmo**! • Quando você chega perto, fico excitado.

Também **estar palote**.

empanarse *v. pron.*
1 ENTENDER, CAPTAR

—Tío, no fumes tantos porros que luego no **te empanas** de nada en clase. • Cara, não fume tantos baseados, senão você vai acabar sem entender nada na aula.

2 empanada *subs. f.*
CONFUSÃO MENTAL, ESTAR DE RESSACA

—¡Vaya pedo el de anoche! ¡Ahora llevo una **empanada** alucinante! • Que porre ontem à noite! Agora estou com uma ressaca daquelas!

3 empanado/a *adj., subs.*
ESTAR NAS NUVENS, ESTAR LESADO

—¡Estás **empanao**, tío, espabila! • Você está lesado, cara. Mexa-se!

empapelar *v.*
PROCESSAR, INDICIAR

—A Richard le han **empapelado** por llevar 50 gramos de caballo. • Richard foi processado porque portava 50 gramas de heroína.

empastillado/a *adj.*
BOLADO/A, DROGADO/A
Estar drogado/a, tendo tomado alguma substância sob forma de pastilha ou cápsula.

—Jaime siempre va **empastillao** a las fiestas. • Jaime vai sempre bolado às festas.

empollar v.
ESTUDAR, RALAR (ESTUDAR)

—*Este finde me encierro a **empollar** para el examen del martes.* • *Neste fim de semana, vou me trancar para estudar para a prova de terça-feira.*

emporrado/a adj.
DOIDÃO/ONA

—*No me acuerdo de nada de la fiesta, me pasé la noche **emporrada**.* • *Não lembro nada da festa, fiquei doidona a noite toda.*

enchocharse v. pron.
APAIXONAR-SE, ESTAR ENFEITIÇADO, ESTAR FISSURADO, VIDRADO

—*Alberto **se ha enchochado** mazo de Carmen.* • *Alberto está fissurado pela Carmen.*

Também **encoñarse**.

enchufe subs. m.
PISTOLÃO

—*La nueva chica ha entrado por **enchufe**, es la sobrina del jefe.* • *A nova funcionária entrou por pistolão, é sobrinha do chefe.*

engancharse v. pron.
TORNAR-SE DEPENDENTE, VICIADO

—*Marcos **se ha enganchado** al Facebook.* • *Marcos ficou viciado no Facebook.*

enrollarse v. pron.
1 SAIR COM ALGUÉM, FICAR COM ALGUÉM

—*El fin de semana pasado **me enrollé** con dos pavas: una el viernes y otra el sábado.* • *No último fim de semana, saí com duas gatas: uma na sexta-feira e a outra no sábado.*

2 ESTENDER-SE (EM PALAVRAS), ENROLAR

—*No **te enrolles** tanto, pesao, y ve al grano.* • *Não enrole tanto, vá direto ao ponto.*

3 enrollado/a adj.
ATRAENTE, DEMAIS

—*¡Qué **enrollado**, tu amigo!* • *Que demais o seu amigo!*

entrar v.
AZARAR, CANTAR, PAQUERAR

—*Ayer en la fiesta **entré** a tres pavas, pero ninguna de las tres me hizo caso. Estoy acabao.* • *Ontem na festa, azarei três gatinhas, mas nenhuma me deu bola. Droga!*

F

facha *adj., subs. m.*
FASCISTA

—El primer movimiento **facha** fue creado por Mussolini. • O primeiro movimento fascista foi criado por Mussolini.

facu *subs. abrev.* (facultad)
"FACUL" (faculdade)

—Mañana no voy a la **facu** porque tengo que chapar para el examen del viernes. • Amanhã não vou à facul porque preciso ralar para a prova de sexta-feira.

fardar *v.*
APARECER, EXIBIR-SE

—A mi padre le encanta **fardar** de coche nuevo. • Meu pai adora se exibir de carro novo.

farlopa *subs. f.*
COCA, COCAÍNA, BRANCA, PÓ, FARINHA

—Ese camello solo pasa **farlopa**. • Esse traficante só vende pó.

farra *subs. f.*
FARRA, BALADA, FESTA, DIVERSÃO

—Menuda **farra** la que nos corrimos el viernes, aún estoy hecho polvo. • Que farra fizemos na sexta-feira, ainda estou quebrado.

fashion *adj., subs.*
CHIQUE, *FASHION*, MODERNO, ELEGANTE

—Este restaurante es muy **fashion** pero la comida es malísima. • Este restaurante é muito chique, mas a comida é péssima.

fibrado/a *adj.*
SARADO/A, ATLÉTICO/A, MUSCULOSO/A

—¡Vaya suerte que tienes, te has echado un novio bien **fibrado**! • Que sorte a sua! Encontrou um namorado bem sarado!

fiesta (ir de) *loc.*
1 CURTIR, SAIR

—Esta noche nos **vamos** todos **de fiesta**. • Esta noite vamos curtir.

2 fiestero/a *adj., subs.*
BALADEIRO/A, FESTEIRO/A

—*Carlos es el más **fiestero** con diferencia de todos mis colegas.* • *Carlos é de longe o mais festeiro de todos os meus amigos.*

fijo *adv.*
CLARO, COM CERTEZA, SEM DÚVIDA

—*Yo **fijo** que voy. Los demás, no tengo ni idea.* • *Eu vou, sem dúvida. Os outros, não sei.*

finde *subs. m. abrev.* (fin de semana)
FIM DE SEMANA

—*¿Qué hacemos este **finde**?* • *O que vamos fazer no fim de semana?*

flaseado/a *adj.*
CHOCADO/A, EM ESTADO DE CHOQUE

—*La noticia me ha dejado **flaseada**.* • *A notícia me deixou chocada.*

flash *subs.*
CHOQUE

—*A mi madre le va a dar un buen **flash** cuando se entere.* • *Minha mãe vai ter um choque quando souber disso.*

flipar *v.*
1 CURTIR

—*Me encanta este lugar, estoy **flipando**.* • *Adoro este lugar, estou curtindo.*

2 FICAR CHOCADO/A

—***Flipo** con María. Todavía no me ha felicitado por la boda.* • *Estou chocada com a María. Ela ainda não me cumprimentou pelo meu casamento.*

folla (tener mala) *loc.*
TER MAU CARÁTER, TER UM PÉSSIMO CARÁTER, SER UM SACANA

—*Ten cuidado con Albert, que **tiene muy mala folla**.* • *Cuidado com o Albert, ele é um sacana.*

follar *v., vulg.*
1 TREPAR, FODER, TRANSAR

—*Hace más de cinco meses que no **follo**.* • *Faz mais de cinco meses que não trepo.*

2 follado/a *adj.*
RÁPIDO, A TODA

—*Ese coche va **follao**. Seguro que va a más de ochenta por la ciudad.* • *Esse carro está a toda. Com certeza está a mais de oitenta na cidade.*

3 folleteo *subs. m.*
SEXO

—*El **folleteo** y el fumeque son las únicas cosas que le interesan.* • *Sexo e drogas são as únicas coisas que interessam a ele.*

follón *subs. m.*
CONFUSÃO, BAGUNÇA, ZONA, BADERNA

—¡Qué **follón**! No hay manera de poder concentrarse. • Que zona! Não dá para se concentrar.

forrarse v. pron.
1 ENRIQUECER, FICAR RICO

—**Se ha forrado** con su página web. • Ele ficou rico com sua página na web.

2 forrado/a adj.
CHEIO/A DA GRANA

—Pepe está **forrao**. Tiene más de dos millones de euros en un banco suizo. • Pepe está cheio da grana. Tem mais de dois milhões de euros num banco suíço.

fregado subs. m.
BABADO, ZONA

—¡Vaya **fregao**! • Que babado!

friqui subs. m. e f.
BIZARRO/A, PESSOA ESTRANHA, ESQUISITO/A

—¡Eres un **friqui**! No me extraña que no ligues ni a la de tres. •Você é estranho! Não me surpreende que não paquere ninguém.

frito/a adj.
MORTO/A, QUEBRADO/A, DETONADO/A

—Estoy **frito**, tío. Esta noche casi no he dormido. • Estou morto, cara. Quase não dormi esta noite.

fuerte adj.
MUITO FORTE, MUITO DURO

—¡Qué **fuerte** lo de Vero! Eso sí que no me lo esperaba. • Muito duro o que aconteceu a Vero! Por essa eu não esperava.

fumeta subs. m. e f.
FUMANTE DE BASEADOS, MACONHEIRO, FUMETA

—El compañero de piso de Pablo es un **fumeta** de mucho cuidado. No sé si le conviene mucho vivir con un pavo así. • O colega de apartamento de Pablo é o rei dos maconheiros. Em minha opinião, ele não deveria morar com esse cara.

fundirse v. pron.
TORRAR, ESBANJAR, GASTAR

—**Se ha fundido** toda la pasta de la herencia de su madre en dos días. • Ele torrou toda a grana da herança da mãe em dois dias.

G

gafado/a adj.
QUE DÁ AZAR, PÉ-FRIO

—*Tío, parece que estás **gafao**, cada vez que vienes perdemos el partido.* • *Cara, você é o maior pé-frio. Sempre que você vem, perdemos o jogo.*

gafe adj.
SER PÉ-FRIO

—*Andrés parece **gafe**, siempre que lo coge, el ascensor se jode.* • *Parece que o Andrés é pé-frio. O elevador sempre quebra quando ele entra.*

gamba (meter la) loc.
DAR UM FORA

—***Has metido la gamba** hasta el fondo.* • *Você deu um grande fora.*

ganga subs. f.
PECHINCHA, ACHADO

—*Mariluz solo encuentra **gangas** cuando va de compras.* • *Mariluz só encontra pechinchas quando faz compras.*

ganso/a adj., subs.
1 GIGANTE, IMENSO, ENORME, MONSTRUOSO/A adj.

—*Vivimos en un piso super**ganso**.* • *Moramos em um apartamento imenso.*

2 GAIATO, BRINCALHÃO, PALHAÇO subs.

—*Mi compañero de piso es un **ganso**.* • *Meu colega de apartamento é um palhaço.*

garbeo (darse un) loc.
DAR UM PASSEIO, DAR UMA VOLTA

—***Me voy a dar un garbeo** a ver si me despejo un poco.* • *Vou dar uma volta para refrescar as ideias.*

TAMBÉM (DARSE) UN RULO, UN PIRULO, UN VOLTIO...

garito subs. m.
DISCOTECA, BOTECO, BAR

—*Han abierto un **garito** muy guapo en el puerto.* • *Abriram um boteco muito simpático no porto.*

garrafón subs. m.
AGUARDENTE, PINGA (bebida alcoólica barata vendida por litro)

—*Pedazo de resaca gracias al **garrafón** que nos metieron anoche.* • *Que puta ressaca graças à pinga que nos serviram ontem à noite!*

> **Garrafón** se refere **à bebida** alcoólica de má qualidade servida em certos bares e que, com certeza, causa ressaca.

garrulo/a subs.
BRONCO, CHUCRO, IGNORANTE, MEDÍOCRE

—*¡Este bar huele a vaca, está lleno de **garrulos**!* • *Este bar fede a bosta de vaca; está cheio de chucros.*

gasofa subs. f.
COMBUSTÍVEL, GASOLINA

—*Tendremos que parar pronto porque nos estamos quedando sin **gasofa**.* • *Precisamos parar logo porque estamos ficando sem gasolina.*

gatillazo subs. m.
BROCHADA (falha na ereção)

—*¡Qué vergüenza! Tres meses intentando llevarme al huerto a Raquel, y cuando lo consigo, ¡**gatillazo**!* • *Que vergonha! Três meses tentando transar com a Raquel e, quando rola, dou uma brochada!*

gayumbos subs. m. pl.
CUECAS, CEROULAS

—*Súbete los pantalones. Se te ven mogollón los **gayumbos**.* • *Levante as calças. Está dando para ver suas cuecas.*

gentuza subs. f.
GENTALHA, RALÉ

—*¡Qué **gentuza**! Cuanta más pasta tienen, menos te puedes fiar.* • *Que gentalha! Quanto mais grana eles têm, menos podemos confiar.*

gilipollas subs. m. e f.
IDIOTA, ESTÚPIDO/A, IMBECIL, OTÁRIO/A, BABACA

—*¡Que **gilipollas**, el tío! No ha querido apoquinar para el regalo.* • *Que cara imbecil! Não deu nem um tostão para o presente.*

gilipollez subs. f.
IDIOTICE, BOBAGEM

—*Deberías cerrar el pico de vez en cuando, porque no dices más que **gilipolleces**.* • *Você deveria calar o bico de vez em quando, pois só diz bobagens.*

golpe subs. f.
1 ASSALTO, GOLPE

—*Han pillado a la banda de atracadores que daba **golpes** en las urbanizaciones.* • *Pegaram o bando que assaltava nos condomínios.*

2 golpe bajo loc.
GOLPE BAIXO

—*Recordarle lo de su ex ha sido **un golpe bajo**.* • *Fazê-la lembrar a história do ex foi um golpe baixo.*

3 no dar ni golpe *loc.*
NÃO FAZER NADA

—*El nuevo secretario **no da ni golpe**.* • *O novo secretário não faz nada.*

goma *subs. f.*
CAMISINHA

—*¡Hay que joderse, no me queda ninguna **goma**!* • *Merda, não tenho mais nenhuma camisinha!*

gorila *subs. m.*
LEÃO DE CHÁCARA, GORILA, BRUTAMONTES

—*¡Vaya par de **gorilas** que hay en la puerta de ese garito!* • *Baita dupla de gorilas que fica na entrada desse bar!*

gorra (de) *loc.*
GRÁTIS, NA FAIXA, DE GRAÇA

—*He entrado **de gorra**.* • *Entrei de graça.*

gorronear *v.*
FILAR, SERRAR

—*¿Cuándo vas a comprar tabaco? Siempre estás **gorroneando** el mío.* • *Quando você vai comprar cigarro? Você fica filando os meus o tempo todo.*

guaperas *subs. m.*
BONITÃO

—*¡Vaya **guaperas** que te has hecho!* • *Nossa, como você ficou bonitão!*

guarrada *subs. f.*
CACHORRADA, SACANAGEM

—*Liarte con el novio de tu amiga es una **guarrada**.* • *Dormir com o namorado da sua amiga é uma sacanagem!*

guarro/a *adj., subs.*
NOJENTO, ASQUEROSO, PORCO

—*Es un **guarro**, siempre lleva gayumbos con frenazo.* • *Ele é um porco, tem sempre as cuecas freadas.*

guay *adj.*
BOM, LEGAL, BACANA

—*¡Qué **guay** que vengas a mi fiesta!* • *Que bom que você vem à minha festa!*

guiri *subs. m. e f.*
1 ESTRANGEIRO/A, TURISTA, GRINGO/A *pej.*

—*Los precios de Las Ramblas son para **guiris**.* • *Os preços em Las Ramblas são coisa para gringo.*

2 guirilandia *subs. f., pej.*
LOCAL DE TURISTAS, GRINGOLÂNDIA

—*Me encanta salir por **guirilandia**, está lleno de tíos buenos.* • *Adoro andar pelos locais de turistas, estão cheios de caras bonitos.*

gusanillo *subs. m.*
FOME, VONTADE DE COMER

—*De tanto hablar de comida me ha entrado el **gusanillo**.* • *De tanto falar em comida, fiquei com fome.*

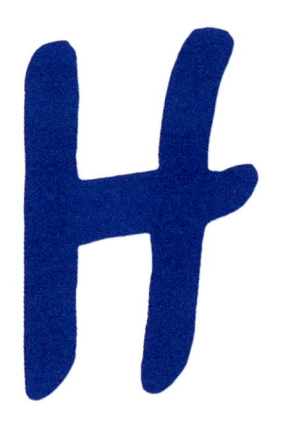

hervor (faltarle un) *loc.*
NÃO ESTAR MADURO, ESTAR VERDE

—*¡Qué inmaduro este tío! Todavía **le falta un hervor**.* • *Que cara imaturo! Ainda está verde.*

hierba *subs. f.*
ERVA, MACONHA

—*Lo entrullaron por vender **hierba** en la puerta del instituto.* • *Ele foi preso por vender maconha na porta do colégio.*

hijoputa/hijaputa *subs.*
FILHO/A DA PUTA, CANALHA

—*¡Qué **hijoputa**! Lía a todo dios con este marrón y luego se larga sin decir ni mu.* • *Que filho da puta! Ele faz a merda e se manda sem dizer nada.*

hortera *adj. m. e f.*
1 ANTIQUADO, FORA DE MODA, CAFONA, BREGA

—*Sonia tiene un gusto super**hortera**.* • *Sonia tem um gosto muito cafona.*

2 horterada *subs.*
CAFONICE, BREGUICE

—*Tío, regalarle flores a tu novia el día de San Valentín es una **horterada**.* • *Cara, oferecer flores à namorada no Dia dos Namorados é uma cafonice.*

hostia *subs. f.*
1 *Hostia* vem de hóstia. Essa palavra pode assumir um sentido diferente conforme o contexto.

—*¡**Hostia**!* • *Puta merda!*

—*¡Es la **hostia**!* • *É demais! / É o máximo! / Que bonito!*

—*¡Te voy a dar un par de **hostias**!* • *Vou lhe dar umas bofetadas!*

—*¿Qué **hostias** haces aquí?* • *Caraca, o que você está fazendo aqui?*

2 hostiar *v.*
PEGAR, ESBOFETEAR, DAR UNS TAPAS, DAR PORRADA

—*Te va a **hostiar** como sigas mirándole así.* • *Se você continuar a encará-lo, ele vai lhe dar porrada.*

3 hostión *subs. m.*
ACIDENTE

—Casi me pego un **hostión** con el coche por culpa de un borracho que conducía en sentido contrario. • *Por pouco não sofro um acidente de carro por causa de um bêbado que vinha em sentido contrário.*

huevo *subs. m.*
1 a huevo *loc.*
FACILMENTE

—Lo encontraste **a huevo**, ¿no? • *Você o encontrou facilmente, não?*

2 un huevo *adv.*
MUITO, MUITÍSSIMO

—Me gusta **un huevo** tu nueva chupa. • *Curti muitíssimo a sua jaqueta nova.*

3 un huevo de *adv.*
MUITOS/AS, UM MONTE DE

—Mi primo tiene **un huevo de** motos; seis o siete, creo. • *Meu primo tem muitas motos: seis ou sete, acho.*

4 tener huevos *loc.*
TER COLHÕES, TER CORAGEM

—No **tuvo huevos** para hacerlo. • *Ele não teve colhões para fazer isso.*

5 tocarse los huevos *loc.*
COÇAR O SACO, NÃO FAZER NADA

—Alberto no ha avanzado en el dosier. **Se ha estado tocando los huevos** toda la mañana. • *Alberto não progrediu com a documentação. Ele coçou o saco a manhã toda.*

humo *subs. m.*
1 bajar los humos *loc.*
BAIXAR A BOLA DE ALGUÉM, PÔR ALGUÉM NO SEU DEVIDO LUGAR

—Lo que tú necesitas es que alguien te **baje los humos**. • *Você precisa é de alguém que o coloque no seu devido lugar.*

2 subírsele los humos a alguien *loc.*
SENTIR-SE MELHOR QUE TODO MUNDO, ACHAR-SE

—Desde que sales con Borja **se te han subido** mucho **los humos**. • *Desde que começou a sair com o Borja, você está se achando.*

TAMBÉM SE PODE DIZER CREERSE EL REY OU LA REINA DEL MAMBO

3 vender humo *loc.*
CONTAR LOROTA, MENTIR, ENGANAR, TAGARELAR

—No te creas ni media palabra de ese tío. Solo **vende humo**. • *Não acredite em nada que esse cara diz. Ele só conta lorota.*

iluminado/a *subs.*
VISIONÁRIO/A, ILUMINADO/A

—Este tío se cree que tiene poderes especiales. Es un **iluminado**. • Esse cara acha que tem superpoderes. É um iluminado.

insti *subs. m.*
COLÉGIO

—¿A qué hora sales del **insti**? • A que horas você sai do colégio?

intelectualoide *subs. m. e f.*
INTELECTUALOIDE

—Este café está lleno de **intelectualoides**. • Esta cafeteria está cheia de intelectualoides.

invento (joderse el) *loc.*
IR POR ÁGUA ABAIXO

—**Se** nos **ha jodido el invento**: se me ha estropeado el coche y no podremos ir a la montaña. • Nosso plano foi por água abaixo: o carro quebrou e não poderemos ir à montanha.

J

jalar v.
RANGAR, COMER

—En la fiesta de Juan no había nada para **jalar**. • Na festa de Juan não tinha nada para comer.

jamona adj., subs. f.
FARTA, VOLUMOSA, CARNUDA

—A mí me molan las tías **jamonas**. • Gosto de garotas carnudas.

jeta (tener) loc.
SEM-VERGONHA, CARA DE PAU

—Ten cuidado con Pablo que tiene mucha **jeta**. • Cuidado com o Pablo, ele é muito cara de pau.

jiñarse v. pron.
TER MEDO, CAGAR NAS CALÇAS

—Cada vez que vuela **se jiña** de miedo. • Ele caga nas calças toda vez que pega um avião.

jipiar v.
ESPIAR, VER

—Me voy unas filas más adelante porque aquí no **jipio** nada. • Vou umas fileiras mais à frente porque daqui não vejo nada.

joder v.
1 FODER, FERRAR, PREJUDICAR, IRRITAR

—Me estás **jodiendo** la vida, ¿sabes? • Você está me ferrando, sabia?

2 joderla loc.
FALHAR, FRACASSAR, FAZER CAGADA

—No sé cómo lo haces, pero la has vuelto a **joder**. • Não sei como, mas você falhou de novo.

3 ¡joder! interj.
PORRA!, MERDA!, CARACA!

4 jodido/a adj.
FODIDO/A, FERRADO/A

—¡Eres un **jodido** cabrón! • Você é um fodido, idiota!

5 joderse v. pron.
AVARIAR, QUEBRAR, PIFAR

—No podemos ir porque **se me ha jodido** el coche. • Não podemos ir porque o carro quebrou.

L

labia subs. f.
LÁBIA, MANHA

—*Mejor que hables tú, que tienes mucha **labia**.* • *É melhor que você fale porque tem mais lábia.*

lameculos subs. m.
PUXA-SACO, LAMBE-BOTAS

—*Lo ascendieron porque es un **lameculos**, no por otra cosa.* • *Ele foi promovido porque é um puxa-saco, isso sim.*

lapa subs. f.
GRUDENTO/A, CHATO/A, PEGAJOSO/A

—*Eres una **lapa**, estás todo el día pegada a mí. Déjame respirar.* • *Você é pegajosa, não desgruda de mim. Vê se me deixa respirar.*

lapo subs. m.
ESCARRO

—*¡Qué asco, me acaba de caer un **lapo** encima!* • *Que nojo! Um escarro acaba de cair em cima de mim.*

largar v.
1 DELATAR, ENTREGAR, CONFESSAR, CONTAR, DENUNCIAR

—*No le cuentes nada a Víctor, que lo **larga** todo.* • *Não conte nada para o Víctor, porque ele entrega tudo.*

2 largarse v. pron.
IR EMBORA, FUGIR, PARTIR, DESAPARECER, MANDAR-SE, ESCAPAR

—*¡Qué rollo!, yo **me largo**!* • *Que zona! Vou me mandar!*

3 ¡lárgate! interj.
FORA!, VÁ EMBORA!

largas (dar) loc.
ENROLAR (ignorar alguém e dar desculpas para evitá-lo)

—*He intentado quedar con él, pero siempre me **da largas**.* • *Tentei ficar com ele, mas ele sempre me enrola.*

lata subs. f.
CHATO, IRRITANTE

—*Es una **lata** trabajar los domingos.* • *É chato trabalhar aos domingos.*

leche *subs. f.*
1 BATIDA, PANCADA, GOLPE, TOMBO

—¡Vaya **leche** que se ha metido en las escaleras! ¡Pobrecito! • *Ele tomou um puta tombo nas escadas. Coitado!*

2 la leche *loc.*
O MÁXIMO

—¡Esta peli es **la leche**! • *Este filme é o máximo!*

lefa *subs. f., vulg.*
GOZO (esperma), PORRA

legal *adj.*
BACANA, LEGAL

—No te preocupes, que es un tío **legal**. • *Não se preocupe, ele é um cara legal.*

leñazo *subs. m.*
PANCADA, GOLPE, PORRADA, TOPADA, TROMBADA

—Pues yo me acabo de dar un buen **leñazo** con la puerta del armario. • *Acabo de dar uma bela topada contra a porta do armário.*

leonera *subs. f.*
BAGUNÇA, CONFUSÃO, ZONA, DESORDEM, ZORRA

—Necesito ordenar mi habitación porque parece una auténtica **leonera**. • *Preciso arrumar o meu quarto, que está uma verdadeira zona.*

liar *v.*
1 ENROLAR (cigarro, baseado)

—Soy malísimo **liando**. • *Sou péssimo para enrolar cigarros.*

2 liarla *loc.*
ARRUMAR CONFUSÃO

—**La has liado** bien en la calle. • *Você arrumou uma baita confusão na rua.*

3 liarse *v. pron.*
a DORMIR, TREPAR, COMER (sentido sexual)

—Raúl **se lió** con una alumna. • *O Raúl dormiu com uma aluna.*

b ATRAPALHAR-SE

—**Me lío** siempre con tanto número. • *Sempre me atrapalho com tanto número.*

liado/a *adj.*
1 OCUPADO/A, NÃO DISPONÍVEL

—No puedo quedar esta tarde, estoy muy **liada**. • *Não posso ficar esta tarde porque estou muito ocupada.*

2 estar liado/a *loc.*
SAIR JUNTO, SAIR

—Álvaro y Vega **están liados**. • *Álvaro e Vega estão saindo.*

ligar *v.*
1 PAQUERAR, PEGAR

—En este garito no se **liga** nada, yo me largo. • *Nesta discoteca não se pega ninguém. Vou me mandar.*

2 ligón/ona subs.
PEGADOR/A, PAQUERADOR/A

—Mi hermano es un **ligón**. • Meu irmão é um pegador.

3 ligoteo subs. m.
AZARAÇÃO, PAQUERA

—¡**Hay** que ver cómo te gusta el **ligoteo**! • Precisa ver como você gosta da azaração!

limpio/a adj.
LIMPO

—Buscaron la ficha del sospechoso y estaba completamente **limpio**. • Procuraram a ficha do suspeito e ele estava completamente limpo.

liquidar v.

1 VIRAR, LIQUIDAR

—¿Cuántos cubatas te has **liquidado** ya? • Quantos copos você virou?

2 MATAR, APAGAR, LIQUIDAR, ELIMINAR, EXTERMINAR

—Han **liquidado** a un capo de la mafia. • Eliminaram o chefe da máfia.

listillo/a subs.
ESPERTINHO/A, DESCARADO/A

—¡Menudo **listillo** que estás tú hecho! • Que espertinho que você é!

litrona subs. f.
LITRO DE CERVEJA (em garrafa)

—Vamos a comprar unas **litronas** para el botellón. • Vamos comprar uns litros de cerveja para a festa.

loba subs. f.
PUTA, PIRANHA

—¡Vaya **loba** la tía esa! • Que piranha é essa garota!

longuis (hacerse el) loc.
FAZER-SE DE BOBO

—No **te hagas el longuis** y suelta la pasta. • Não se faça de bobo e libere a grana.

loro (al) loc.
ESTAR ATENTO, VIGILANTE, ESTAR DE OLHO, FICAR LIGADO

—Tienes que estar más **al loro** tío, que te las cuelan todas. • Fique mais atento, você está sendo enganado.

lote (darse el) loc.
DAR UNS AMASSOS

—Susana y Pierre estaban **dándose el lote** en la puerta del baño. • Susana e Pierre estavam dando uns amassos na porta do banheiro.

TAMBÉM PEGARSE EL LOTE

M

macarra *subs. m.*
GROSSEIRO/A, RALÉ, ORDINÁRIO/A

—*Desde que sale con esos, se ha vuelto un poco **macarra**.* • *Desde que começou a sair com esses tipos, ele se tornou um pouco grosseiro.*

machacar *v.*
1 MASSACRAR, BATER

—*No solo perdimos, nos **machacaron**.* • *Não só perdemos, como nos massacraram.*

2 machacársela *loc., vulg.*
MASTURBAR-SE, BATER PUNHETA

macizo/a *adj., subs.*
BENFEITO/A, MUITO ATRAENTE

—*La novia de Martín está **maciza**.* • *A namorada do Martín é muito atraente.*

madero *subs. m.*
POLICIAL, TIRA, POLÍCIA

—*Más vale que paremos la fiesta porque hay un par de **maderos** en la calle.* • *É melhor interrompermos a festa, porque há alguns policiais pela rua.*

madre *subs. f.*
1 de puta madre *loc.*
DEMAIS, GENIAL, DO CACETE, INCRÍVEL

—*¡Está **de puta madre** que trabajes con nosotros!* • *É demais ter você trabalhando conosco!*

2 tu puta madre *interj.*
VÁ SE FODER

3 ciento y la madre *loc.*
UMA MULTIDÃO, UM MONTE DE GENTE

—*Éramos **ciento y la madre** en la fiesta.* • *Éramos uma multidão na festa.*

majara *adj. m. e f.*
MALUCO/A

—*Como sigas trabajando a ese ritmo te vas a volver **majara**.* • *Se você continuar trabalhando nesse ritmo, vai acabar maluca.*

mamada *subs. f., vulg.*
CHUPETA, BOQUETE

—*Me hizo una buena **mamada**.* • *Ela me fez um belo boquete.*

mamado/a *adj.*
BÊBADO/A, EMBRIAGADO/A, MAMADO/A

—*No solo Antonio, todo el mundo iba super****mamado***. • *Não só Antonio, mas todo mundo estava bêbado.*

mamón/ona *adj.*
SACANA, CANALHA, IDIOTA

—*¡Mira que eres **mamón**! Vas tan de sobrao que en una semana te has quedao sin curro y sin novia.* • *Seu idiota! Por ser tão convencido, em uma semana perdeu o emprego e a mulher.*

manazas *subs. m. e f.*
DESASTRADO/A, ATRAPALHADO/A

—*Eres una **manazas**. Lo rompes todo.* • *Você é uma desastrada. Quebra tudo.*

mandangas *subs. f. pl.*
BOBAGENS, BESTEIRAS

—*Déjate de **mandangas** y ve al grano.* • *Deixe de bobagens e vá direto ao ponto.*

manduca *subs. f.*
RANGO, COMIDA

—*Estoy canino. ¿Está ya la **manduca**?* • *Estou faminto. O rango já está pronto?*

mangar *v.*
ROUBAR, SURRUPIAR, FURTAR, AFANAR

—*¿Me has **mangado** el boli?* • *Foi você que roubou a minha caneta?*

mani *subs. f.*
MANIFESTAÇÃO

—*¿Vienes a la **mani** del sábado?* • *Você vai à manifestação no sábado?*

Também **manifa**.

manitas *subs. m. e f.*
1 HABILIDOSO/A, TER JEITO PARA FAZER ALGO

—*Tom es un **manitas**, sabe hacer de todo.* • *Tom é habilidoso, sabe fazer de tudo.*

2 hacer manitas *loc.*
APALPAR, ACARICIAR

—*Esos dos se pasan toda la clase **haciendo manitas** por debajo de la mesa.* • *Esses dois ficam a aula inteira se apalpando por baixo da mesa.*

mantero *subs. m.*
VENDEDOR AMBULANTE, CAMELÔ

Tipo de vendedor que estende a mercadoria sobre cobertas no chão das ruas.

—*Lo conseguirás más barato en los **manteros** de la Gran Vía.* • *Você encontrará mais barato com os vendedores ambulantes da Gran Via.*

maquearse v. pron.
1 ENFEITAR-SE, EMBONECAR-SE

—¿Para quién **te maqueas** tanto? • Para quem você está se embonecando assim?

2 **maqueado/a** adj.
ENFEITADO/A

—¿Dónde vas tan **maqueado**, a una boda o qué? • Para onde você vai assim enfeitado? A um casamento ou o quê?

marcha (irse de) loc.
SAIR PARA CURTIR, SAIR, IR PARA A BALADA

—No hagas planes para esta noche, **nos vamos de marcha** con la peña. • Não planeje nada para esta noite, vamos sair para curtir com a galera.

maría subs. f.
MARIJUANA, MACONHA, FUMO, BASEADO

—¿Conoces a alguien que pase **maría** por aquí? • Você conhece alguém que possa me passar um baseado por aqui?

mariconada subs. f.
BOBAGEM, BESTEIRA (qualquer coisa besta e simples)

—No me funciona el ordenador, pero seguro que es una **mariconada**. • Meu computador não está funcionando, mas tenho certeza de que é por uma bobagem.

marimacho subs. m., pej.
MULHER-MACHO, MACHONA

—La hija de Pepe es un **marimacho**. • A filha de Pepe é machona.

maromo subs. m.
NAMORADO, AMANTE

—El **maromo** de tu hermana tiene un coche tuneado, ¿no? • O namorado da sua irmã tem um carro turbinado, não é?

marrón subs. m.
ENCRENCA, MERDA

—En menudo **marrón** te ha metido tu colega. • Em que encrenca o teu colega te meteu, hem!

marujear v.
1 CONVERSAR, FOFOCAR, MEXERICAR

—Basta de **marujear** y vuelve al curro. • Chega de fofocar e volte ao trabalho.

2 **maruja, marujón/ona** subs.
FOFOQUEIRO/A, QUE SE COMPORTA COMO FOFOQUEIRO/A

—¿Quién ha dicho que marujear es cosa de chicas? Mira a Stéphane, ese si es un **marujón** de la leche. • Quem disse que fofocar é coisa de meninas? Olhe o Stéphane: ele sim é um fofoqueiro de primeira.

más (lo) *expr.*
O MÁXIMO, O TOP

masoca *subs. m. e f.*
MASOQUISTA

—*Soy un **masoca**, esa tía no hace más que darme largas y yo ahí sigo detrás de ella.* • *Sou masoquista. Essa mulher não me dá bola e continuo correndo atrás dela.*

matasanos *subs. m.*
CHARLATÃO, MÉDICO INCOMPETENTE

—*Voy a cambiar de médico porque el que tengo es un **matasanos**.* • *Vou mudar de médico porque o meu é um charlatão.*

mazo *adv.*
UM MONTE DE, MUITO, UMA GRANDE QUANTIDADE DE

Utiliza-se, em geral, seguido da preposição **de** + substantivo.

—*Había **mazo de** gente en la fiesta.* • *Tinha um monte de gente na festa.*

meter mano *loc.*
APALPAR, PASSAR A MÃO

—*Ese mamón de ahí me acaba de **meter mano** descaradamente.* • *Aquele idiota ali acaba de me apalpar descaradamente.*

michelín *subs. m.*
PNEUZINHO

—*¡Nena, cómo me ponen tus **michelines**!* • *Moça, como seus pneuzinhos me excitam!*

mierda *subs.*

1 IMBECIL, IDIOTA, ESTÚPIDO, MERDA *subs. m.*

—*Deja a ese tío de una vez, ¿no ves que es un **mierda**?* • *Largue esse cara de uma vez por todas. Você não vê que ele é um merda?*

2 BEBEDEIRA, PORRE *subs. f.*

—*¡Vaya **mierda** que llevo!* • *Estou de porre!*

3 importar una mierda *loc.*
NÃO VALER NADA, NÃO IMPORTAR MERDA NENHUMA, POUCO IMPORTAR

—*Me **importa una mierda** si me llama o no. Paso totalmente del tema.* • *Pouco me importa que ele me chame ou não. Não estou nem aí pra isso.*

4 ser una mierda *loc.*
PORCARIA, DROGA, MERDA

—*Este CD **es una mierda**. Pon otra cosa.* • *Este CD é uma merda. Ponha outra coisa.*

mogollón *adj.*
MUITO, UM MONTÃO, DEMAIS

—*Te quiero **mogollón**.* • *Eu gosto muito de você.*

> Em geral, usa-se **mogollón** seguido da preposição **de** + substantivo.

—Había **mogollón** de peña en la fiesta. • Tinha um montão de gente na festa.

mojar *v., vulg.*
1 TRANSAR, TREPAR

—¿**Mojaste** ayer o qué? // Qué va, tío, últimamente no me como un rosco. • Você transou ontem ou não? // Que nada, cara, ultimamente não tenho comido ninguém.

2 mojarse *v. pron.*
ARRISCAR-SE, COMPROMETER-SE

—Va, **mójate**. ¿Quién ganará la Champions? • Vamos, arrisque. Quem você acha que vai ganhar a Champions League?

molar *v.*
GOSTAR, AGRADAR, CURTIR

—Tío, me **mola** mogollón tu carro! • Cara, curto muito o seu carro!

mono/a *adj.*
1 BONITO/A, ELEGANTE

—Es **mono**, el novio de Sonia. Y muy simpático. • O namorado da Sonia é bonito e muito simpático.

2 tener mono de algo *loc.*
ESTAR COM VONTADE DE ALGUMA COISA, TER NECESSIDADE DE ALGUMA COISA

—**Tengo mono de** chocolate. • Estou com vontade de chocolate.

montón (un) *adv.*
MUITO, MONTE, MONTÃO

—Tengo **un montón** de dinero. • Tenho muito dinheiro.

morbo (dar) *loc.*
EXCITAR

—A mí ese tío me **da** mucho **morbo**. • Esse cara me excita muito.

morrearse *v. pron.*
1 BEIJAR NA BOCA

—**Se estaban morreando** en la puerta del baño. • Estavam se beijando na porta do banheiro.

2 morreo *subs. m.*
BEIJO NA BOCA

—Se dieron solo un **morreo**. • Eles deram apenas um beijo na boca.

morro *subs. m.*
1 echarle morro *loc.*
METER A CARA, OUSAR, ARRISCAR

—Ayer verdaderamente **le echaste** mucho **morro** cuando le dijiste al jefe lo que pensabas. • Ontem você se arriscou muito quando disse ao chefe o que pensava.

2 poner morros *loc.*
FAZER BICO, FAZER CARA FEIA

—**Poniendo morros** no conseguirás nada. • Você não conseguirá nada fazendo cara feia.

3 por el morro *loc.*
GRATUITAMENTE, DE GRAÇA

—*Conseguimos entrar en ese garito **por el morro**.* • *Conseguimos entrar de graça na discoteca.*

4 tener morro *loc.*
SER CARA DE PAU, SER CARADURA, TER COLHÃO, TER TOPETE

—*Tu jefe **tiene** mucho **morro**, siempre se está aprovechando de ti.* • *Seu chefe é muito cara de pau, está sempre se aproveitando de você.*

moscas (por si las) *loc.*
NUNCA SE SABE, POR PRECAUÇÃO

—*Mejor salir con tiempo, **por si las moscas**.* • *É melhor sair com tempo, por precaução.*

mosquearse *v. pron.*
1 CHATEAR-SE, ABORRECER-SE, DISCUTIR

—*Mi hermana **se ha mosqueado** conmigo.* • *Minha irmã está chateada comigo.*

2 mosqueo *subs. m.*
CHATEAÇÃO, CHATICE, ZANGA

—*Se fue a la cama con un buen **mosqueo**, no sé cómo se levantará mañana.* • *Ele foi para a cama chateado. Não sei com que humor se levantará amanhã.*

moto (vender la) *loc.*
CONTAR MENTIRAS, CONTAR LOROTAS

—*Eres un auténtico mentiroso, no me **vendas la moto**, nunca has conocido a ningún cantante americano.* • *Você é um legítimo mentiroso, não me venha com lorotas, você nunca conheceu um cantor americano.*

movida *subs. f.*
DISCUSSÃO, BRIGA, BRIGUINHA, DESAVENÇA

—*Tuvimos **movida** con los vecinos por lo de la fiesta.* • *Tivemos uma discussão com os vizinhos por causa da festa.*

muermo *subs. m.*
CHATO, IRRITANTE, IMPORTUNO

—*No invites a Fede a la fiesta, que es un **muermo**.* • *Não convide o Fede para a festa, ele é um chato.*

muerte *subs. f.*
1 de muerte *loc.*
GENIAL, INCRÍVEL, DEMAIS

—*La película está **de muerte**!* • *O filme é genial!*

2 de mala muerte *loc.*
MISERÁVEL, COITADO/A, LÁSTIMA, CRETINO/A

—*Es un bareto **de mala muerte**.* • *É um barzinho miserável.*

N

nabo *subs. m.*
PÊNIS, PAU, PINTO, PIROCA, CACETE, CARALHO

napia *subs. f.*
NARIZ, FUÇA

—*De tanto sonarme, se me ha pelado la **napia**.* • *De tanto assoar, esfolei meu nariz.*

narices *subs. f. pl.*
1 estar hasta las narices *loc.*
ESTAR DE SACO CHEIO, ESTAR ATÉ O PESCOÇO

—*Estoy hasta las **narices** del curro.*
• *Estou de saco cheio do trabalho.*

2 meter las narices *loc.*
METER O NARIZ

—*A la vecina le encanta **meter las narices** donde no debe.*
• *A vizinha adora meter o nariz onde não deve.*

3 por narices *loc.*
É INEVITÁVEL, INEVITAVELMENTE, É EVIDENTE

—*Abrirá la puerta **por narices**.*
• *Inevitavelmente ele abrirá a porta.*

negado/a *adj.*
NEGAÇÃO, NULO/A

—*Soy **negada** para los idiomas.*
• *Sou uma negação para idiomas.*

nenaza *adj., subs. m.*
MOLENGA, MEDROSO/A

—*Fran es un poco **nenaza**, llora hasta por una simple inyección.*
• *A Fran é uma medrosa. Chora até por uma simples injeção.*

niñato/a *subs.*
MOLEQUE, CRIANÇOLA, INFANTIL

—*Raúl es un **niñato**. No pierdas el tiempo con él.* • *O Raúl é um criançola, não perca tempo com ele.*

notas *subs. m. e f.*
EXIBIDO/A, EXIBICIONISTA

—*Entre las gafas de sol, la chupa y el coche tuneao, he flipao con tu colega. Es un **notas**.* • *Com os óculos escuros, a jaqueta e o carro turbinado, seu amigo me deixou estupefato. Um exibido.*

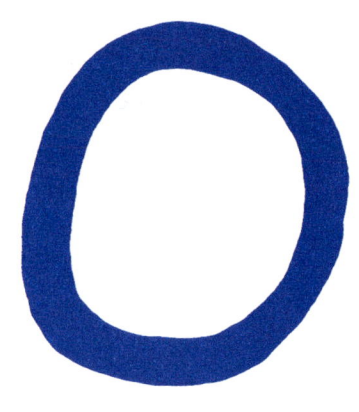

okupa *subs. m. e f.*
OCUPANTE, INVASOR

—*Ese punki es un **okupa**.* • *Esse punk é um invasor.*

ojo *subs. m.*
1 ATENÇÃO!

—***Ojo** con el escalón, no te vayas a caer.* • *Atenção na escada, não vá cair.*

2 a ojo *loc.*
A OLHO, NO CHUTE

—*¡Vaya bollo! Ha respondido todas las preguntas **a ojo** y todo estaba bien.* • *Que sorte! Ele respondeu a todas as questões no chute e estava tudo certo.*

olla *subs. f.*
1 CABEÇA, RUMO, CACHOLA

—*¡Estás mal de la **olla**!* • *Você está mal da cabeça!*

2 írsele a alguien la olla *loc.*
DESATINAR, PIRAR, PERDER A CABEÇA, PERDER O RUMO, FICAR MALUCO

—*¡Tío, **se te va la olla**! No pegues estos gritos, joder.* • *Cara, você está pirando. Não grite tanto, porra!*

ordenata *subs. m.*
COMPUTADOR

—*Se me ha jodido el **ordenata**. ¡Qué putada!* • *Meu computador pifou. Que merda!*

ostra *subs. f.*
1 aburrirse como una ostra *loc.*
MORRER DE TÉDIO

—*Me aburrí como una **ostra** en la fiesta.* • *Morri de tédio na festa.*

2 ¡ostras! *expr.*
EITA!, CARAMBA!, NOSSA!

—*¡**Ostras**, tío, cuánto tiempo sin verte!* • *Nossa! Há quanto tempo não o vejo!*

pachorra subs. f.
PREGUICITE, PREGUIÇA

—¡Qué **pachorra**, Bernardo!, ¿no tendrías que estar en el curro ya? • Que preguiça, Bernardo! Você já não devia estar no trabalho?

paganini subs. m. e f.
PAGANTE (pagador)

—¡Estoy hasta los huevos de ser siempre el **paganini** del grupo! • Estou de saco cheio de ser sempre o pagante do grupo!

Também se diz **pagano**.

pachanguero/a adj.
BREGA, CAFONA

—¡Eres un hortera, deja de poner música tan **pachanguera**, por favor! • Você é muito cafona. Pare de pôr música brega, por favor.

pachas (pagar a) loc.
PAGAR SUA PARTE, DIVIDIR UMA SOMA, RACHAR

—**Pagamos a pachas**, ¿vale? Que no tengo mucha pasta. • Cada um paga a sua parte, certo? Não tenho muita grana.

TAMBÉM SE DIZ PAGAR A ESCOTE, MAS A PACHAS É MAIS MODERNO

paja subs. f., vulg.
1 PUNHETA

—¡Qué cerdo, se estaba haciendo una **paja** en el baño! • Que porco! Estava batendo punheta no banheiro!

2 hacerse pajas mentales loc. vulg.
MASTURBAÇÃO MENTAL, IMAGINAR COISAS

—¿Por qué **te haces** tantas **pajas mentales**? • Por que você fica nessa masturbação mental?

paleto/a adj., subst.
CHUCRO, PANACA, BRONCO, BABACA

—A veces, cuando hablas pareces un **paleto**. • Às vezes, quando você fala, parece um babaca.

paliza(s) <small>subs. m. e f.</small>
1 CHATO, IRRITANTE

—*Tu cuñado es un **palizas**, no hay quien lo aguante.* • *Seu cunhado é um chato! Ninguém o aguenta.*

2 dar la paliza <small>loc.</small>
ENCHER O SACO, APORRINHAR

—*¡No me **des la paliza**, que me duele la cabeza!* • *Não me aporrinhe, estou com dor de cabeça!*

3 dar una paliza <small>loc.</small>
LEVAR UMA SURRA, LEVAR UMA SOVA, LEVAR UMA CANSEIRA

—*Nos **dieron una** buena **paliza** en la final de la Copa.* • *Nos deram uma boa surra na final da Copa.*

palmar (la) <small>v.</small>
1 MORRER, BATER AS BOTAS

—*Su abuela **la palmó** semana pasada.* • *A avó dele bateu as botas na semana passada.*

2 PERDER, APANHAR (no jogo)

—*Como sigamos jugando así en la segunda parte, vamos a **palmar** seguro.* • *Se continuarmos jogando assim no segundo tempo, vamos perder com certeza.*

palo <small>subs. m.</small>
1 GOLPE DURO, CHOQUE

—*La muerte de su madre fue un **palo** para él.* • *A morte da mãe foi um golpe duro para ele.*

2 SACO, PORRE

—*¡Qué **palo** me da la cena de esta noche! No me apetece nada.* • *Que saco o jantar desta noite! Não tenho vontade nenhuma de ir.*

pandero <small>subs. m.</small>
TRASEIRO, BUNDA, NÁDEGAS, RABO

—*¡Guau!, ¡eso es un buen **pandero**!* • *Uau! Que belo traseiro!*

papa (ni) <small>loc.</small>
BULHUFAS, NADA

—*No entiendo **ni papa** de lo que me estás diciendo.* • *Não estou entendendo bulhufas do que você está dizendo.*

PODE-SE DIZER TAMBÉM
NI JOTA

papear <small>v.</small>
1 COMER, RANGAR

—*¿Hay algo pa'**papear** por ahí?* • *Tem alguma coisa para comer aí?*

2 papeo <small>subs. m.</small>
RANGO, COMIDA

—*¿Habrá **papeo** en la fiesta?* • *Vai ter rango na festa?*

papeleo subs. m.
PAPELADA

—Mañana tenemos que hacer todo el **papeleo** de la compra de la nueva casa. • Amanhã teremos que providenciar toda a papelada de compra da casa nova.

paquete subs. m.
PACOTE, MALA (proeminência masculina no nível da entrecoxa)

—Siempre va marcando **paquete**. • Ele usa sempre calças que marcam bem o pacote.

pardillo/a adj., subs.
PALERMA, TOLO/A, BOBO/A

—El pobre Luis es super**pardillo**, le vacila todo el mundo. • Coitado do Luis, é muito bobo. Todo mundo o engana.

parida subs. f.
IDIOTICE, BOBAGEM

—¡No dices más que **paridas**, cállate un poquito! • Você só diz bobagem, fique quieto um pouquinho!

parienta (la) subs. f.
GAROTA, NAMORADA, MINA

—Esta noche voy al cine con **la parienta**. • Esta noite vou ao cinema com a minha mina.

parra (estar en la) loc.
ESTAR POR FORA, NÃO SABER

—**Está en la parra**, no sabía que George Bush ya no era el presidente de Estados Unidos. • Ele está por fora, não sabia que George Bush não era mais presidente dos Estados Unidos.

partes (las) subs. f. pl.
PARTES (íntimas)

—Le dieron una patada en **las partes**. • Deram-lhe um pontapé nas partes.

partirse v. pron.
1 MORRER DE RIR, DIVERTIR-SE

—¡Eres la leche, tía, yo contigo **me parto**! • Você é demais! Eu morro de rir com você.

2 partir la cara a alguien loc.
QUEBRAR A CARA DE ALGUÉM

—Un día de estos **le partiré la cara**, ya verás. • Qualquer dia desses eu quebro a sua cara, você vai ver.

pasada (una) loc.
DEMAIS, INCRÍVEL, MUITO

—Las playas de esa costa eran **una pasada** de bonitas. • As praias desta costa eram bonitas demais.

pasado/a *adj.*

1 PASSADO/A, ACABADO/A

—*Jorge iba muy **pasado** en la fiesta del viernes.* • *Jorge estava muito acabado na festa de sexta-feira.*

2 FORA DE MODA, ULTRAPASSADO/A

—*¡Quítate esa chupa, que está **pasadísima**!* • *Tire essa jaqueta, ela está fora de moda!*

pasar *v.*

1 NÃO TER VONTADE DE, NÃO ESTAR A FIM DE, NÃO LIGAR

—*Yo **paso** de salir esta noche.* • *Não estou a fim de sair esta noite.*

—*¿Estás **pasando** de mí?* • *Você não liga para mim?*

2 PASSAR, TRAFICAR, PÔR EM CIRCULAÇÃO

—*Este camello **pasa** coca por la Plaza Real.* • *Aquele traficante passa a coca na Plaza Real.*

3 pasarse tres pueblos *loc.*
ABUSAR, PASSAR DOS LIMITES, IR LONGE DEMAIS

—*¡**Te has pasado tres pueblos**! ¿Cómo se te ocurre decirle que se ha puesto como una ballena?* • *Você abusou! Como pôde dizer que ela está gorda como uma baleia?*

4 ¿qué pasa? *expr.*
E AÍ?, O QUE HÁ DE NOVO?, COMO VAI?

pasma *subs. f.*
POLÍCIA, CANA

—*¡Larguémonos de aquí, que viene la **pasma**!* • *Vamos sair daqui, porque a polícia está chegando!*

pasta *subs. f.*
DINHEIRO, GRANA, DINDIM

—*Como no tenía **pasta** para llevar el coche al mecánico, lo apañó como pudo.* • *Como não tinha grana para mandar arrumar o carro, ele fez o que pôde.*

pastón *subs. m.*
UMA FORTUNA, UMA GRANA PRETA, UM DINHEIRÃO

—*Me he gastado un **pastón** en esos zapatos.* • *Gastei um dinheirão nestes sapatos.*

pata *subs. f.*
1 estirar la pata *loc.*
BATER AS BOTAS, MORRER

—*¿Cuándo **estiró la pata** el capullo ese?* • *Quando aquele idiota bateu as botas?*

2 meter la pata *loc.*
DAR UM FORA

—*Al decirle a Juan lo de la fiesta has **metido la pata**.* • *Você deu um fora ao falar da festa para o Juan.*

3 tener mala pata *loc.*
DAR AZAR, SER PÉ-FRIO

—*Nunca juego a nada porque **tengo** siempre muy **mala pata**.* • *Eu nunca jogo porque sou o maior pé-frio.*

patada (sentar como una) *loc.*
COMO UM SOCO NO ESTÔMAGO

—*Le **ha sentado como una patada** que no lo hayamos invitado.* • *Para ele foi como um soco no estômago não o termos convidado.*

patearse *v. pron.*
ANDAR, BATER PERNA

—*Estoy hecha polvo, **me he pateado** toda la ciudad buscando unos zapatos.* • *Estou pregada, bati perna pela cidade toda procurando uns sapatos.*

patilla *subs. f.*
1 patillero/a *adj.*
ORDINÁRIO, MEDÍOCRE, BANAL

—*Es bastante **patillero** el espectáculo: la bailaora y los músicos lo hacen bastante mal y el local es cutre.* • *O espetáculo é muito medíocre: a dançarina de flamenco e os músicos são muito ruins e o local é horrível.*

2 por la patilla *loc.*
GRATUITAMENTE, NA FAIXA, DE GRAÇA

—*Entramos en el concierto **por la patilla**.* • *Entramos no show na faixa.*

TAMBÉM SE DIZ POR EL MORRO, DE GORRA...

pavo/a *subs.*
1 CARA, SUJEITO, NAMORADO/A, AMANTE

2 pava *adj.*
TOLO/A, BOBO/A

—*Me cae bien la novia de mi hermano, pero es un poco **pava**.* • *Gosto da namorada do meu irmão, mas ela é meio boba.*

pechonalidad *subs. f.*
Neologismo composto de **pecho** (peito) e **personalidad** (personalidade). O equivalente em português poderia ser "peitonalidade".

—*Me encanta que las tías tengan mucha **pechonalidad**.* • *Adoro as mulheres que têm muita "peitonalidade".*

pedal *subs. m.*
BEBEDEIRA, PORRE

—*Llevábamos un buen **pedal** anoche.* • *Tomamos um belo porre ontem à noite.*

pedazo de *loc.*
GRANDE, BAITA

—¡**Pedazo de** cabrón estás hecho!
• Você é um grande canalha!

pedo <small>subs. m., adj.</small>
BEBEDEIRA, PORRE

—Nos agarramos un buen **pedo** el viernes, ¿verdad? • Tomamos um belo porre na sexta-feira, hem?

pedorro/a <small>adj., subs.</small>
CHATO/A, IRRITANTE, PRETENSIOSO/A, PEDANTE

—Pasa de ella, que es una **pedorra**. • Não dê bola, ela é uma pedante.

pegar <small>v.</small>
1 ESTAR EM HARMONIA, COMBINAR

—Esa pareja no **pega** ni con cola. • Esse casal não combina.

2 pegársela <small>v. pron.</small>
DAR UMA PORRADA, DAR UMA BATIDA, DAR UMA PANCADA

—**Se la ha pegado** con la moto, pero por suerte no le ha pasado nada. • Bateu com a moto, mas felizmente não aconteceu nada.

pelársela <small>v. pron., vulg.</small>
BATER PUNHETA

—Se pasa el día **pelándosela** mirando pelis porno. • Ele passa o dia batendo punheta assistindo a filmes pornô.

película <small>subs. f.</small>
VIAGEM (devaneio), HISTÓRIA

—Dice que con lo que gane se comprará un piso y un deportivo. ¡A veces se monta unas **películas**…! • Ele diz que com o que ganha vai comprar um apartamento e um carro esportivo. Às vezes ele viaja!

pelma <small>adj., subs.</small>
CHATO/A, PENTELHO/A

—¿Viene el **pelma** de tu primo? • O pentelho do seu primo vem?

pelo
1 a pelo <small>loc.</small>
SEM CAMISINHA

—Lo hicieron **a pelo**. • Transaram sem camisinha.

2 caérsele el pelo <small>loc.</small>
A CASA VAI CAIR, A COISA VAI ESQUENTAR

—**Se le va a caer el pelo** cuando el jefe se entere de que la ha cagado. • A casa vai cair quando o chefe souber da cagada que ele fez.

3 de pelo en pecho <small>loc.</small>
SER HOMEM, SER MACHO

—Es un hombre **de pelo en pecho**. • É um macho de verdade.

4 no cortarse un pelo <small>loc.</small>
NÃO PERDER O REBOLADO

—Roger **no se corta un pelo**, se atreve con todo. • Roger não perde o rebolado, ele se arrisca em tudo.

5 no tener pelos en la lengua *loc.*
NÃO TER PAPAS NA LÍNGUA

—*Carina **no tiene pelos en la lengua**, dice todo lo que piensa.* • *Carina não tem papas na língua, diz tudo o que pensa.*

6 no tener un pelo de tonto/a *loc.*
NÃO NASCEU ONTEM, NÃO É BOBO/A

—*Ya sé que **no tienes un pelo de tonta**, aunque a veces lo pareces, hija.* • *Sei que você não é boba, embora às vezes pareça, querida.*

7 tomar el pelo *loc.*
PEGAR NO PÉ, ENCHER O SACO

—*Deja de **tomarme el pelo**, que hoy no estoy para bromas.* • *Deixa de pegar no meu pé, hoje não estou a fim de brincadeira.*

pelota *subs. m. e f.*
1 PUXA-SACO, LAMBE-BOTAS, BAJULADOR

—*¡Eres un **pelota**!* • *Você é um puxa-saco!*

2 en pelotas *loc.*
NU, PELADO/A

—*Espera, te abro en un minuto que estoy **en pelotas**.* • *Espere, abro a porta em um minuto, estou pelado.*

3 hacer la pelota *loc.*
PUXAR O SACO DE ALGUÉM, LAMBER AS BOTAS DE ALGUÉM, BAJULAR

—*¡No me **hagas la pelota**, que no vas a conseguir nada!* • *Pare de me bajular, você não vai conseguir nada!*

4 írsele la pelota a alguien *loc.*
PIRAR, PERDER O CONTROLE, NÃO BATER BEM DA CABEÇA

5 (no) tener pelotas *loc.*
(NÃO) TER COLHÃO/ÕES, (NÃO) TER CORAGEM

—*¡**No tienes pelotas** para hacerlo!* • *Você não tem coragem para fazer isso!*

6 tocar las pelotas *loc.*
ENCHER O SACO, ENCHER, IRRITAR

—*¡No me **toques las pelotas**!* • *Pare de me encher o saco!*

pelotazo *subs. m.*
BEBEDEIRA, PORRE

—*Yo paso de cogerme otro **pelotazo** como el del viernes.* • *Não quero tomar outro porre como o de sexta-feira.*

pendón *subs. m.*
1 PESSOA QUE LEVA UMA VIDA AGITADA, BOÊMIO/A

—*Marta es un **pendón**. No tiene horarios, sale de juerga casi todas las* *noches y cada día está con un chico diferente.* • Marta leva uma vida de boêmia. Não tem horário, vai para a balada quase todas as noites e cada dia está com um cara diferente.

2 PEGADOR/A INVETERADO/A

—*Es un **pendón**. Le da igual con quién se acuesta.* • É um pegador inveterado. Não lhe importa quem leva para a cama.

peña *subs. f.*
GALERA, TURMA, GRUPO DE AMIGOS OU PESSOAS

—*Había mogollón de **peña** en el concierto de ayer.* • Havia uma galera enorme no show de ontem.

peñazo *subs. m.*
MUITO CHATO, PÉ NO SACO, IRRITANTE

—*La clase de hoy ha sido un verdadero **peñazo**.* • A aula de hoje foi um verdadeiro pé no saco.

peor (lo) *loc.*
DA PIOR ESPÉCIE, O QUE HÁ DE PIOR

—*Mi tío es **lo peor**. Ha dejado a mi tía por una pava de 22 años.* • Meu tio é um cara da pior espécie. Deixou minha tia por uma garota de 22 anos.

perrear *v.*
Este verbo tem origem no fenômeno musical *reggaetón*, uma espécie de fusão de *hip-hop*, *rap* e *reggae* com influências latino--americanas. "*Perrear*" vem de "*perro*" (cachorro) e designa uma maneira de dançar semelhante ao coito de dois cachorros: a mulher e o homem se movem colados de acordo com o ritmo da música.

perrería *subs. f.*
SACANAGEM, CACHORRADA

—*Te han hecho una buena **perrería** en el curro.* • Fizeram uma bela cachorrada com você no trabalho.

peste *subs. f.*
FEDOR, CATINGA

—*¡Qué **peste**! ¿A quién le huele el alerón?* • Que fedor! Quem é que está com o sovaco fedido?

Também se diz **pestazo** (*subs. m.*).

petado/a *adj.*
1 CANSADO/A, ACABADO/A, PREGADO/A

—*Me voy a casa, que estoy super**petada**.* • Vou para casa, pois estou muito cansada.

2 a petar *loc.*
LOTADO/A, CHEIO/A, MUITO CHEIO/A

—*El concierto estaba **a petar**.* • O show estava lotado.

Também se diz **petado/a**.

petardo/a *adj.*
MEDÍOCRE, FORA DE MODA, ULTRAPASSADO/A

—*Mi compañero de piso solo escucha música **petarda**: Gloria Gaynor, Village People…* • *Meu colega de apartamento só ouve música ultrapassada: Gloria Gaynor, Village People…*

pez (estar) *loc.*
ZERO À ESQUERDA, BOIAR COMPLETAMENTE

—***Estoy pez** en informática.* • *Sou um zero à esquerda em informática.*

pibón *subs. m.*
GATA, AVIÃO, GAROTA BONITA

—*¡Este garito está lleno de **pibones**, aquí nos quedamos!* • *Esta discoteca está cheia de gatas, vamos ficar!*

pifiarla *v. pron.*
DAR UM FORA, ERRAR

—*¡Mierda, **la he pifiado** otra vez en el curro!* • *Merda, errei de novo no trampo!*

pijada *subs. f.*
BESTEIRA, ASNEIRA

—*Lo siento, pero no dices más que **pijadas**.* • *Desculpe, mas você só diz besteiras.*

pijo/a *adj., subs.*
PATRICINHA/MAURICINHO, FILHINHO/A DE PAPAI

—*No sé cómo puedes salir con Borja, es super**pijo**.* • *Não sei como você consegue sair com o Borja, ele é um mauricinho.*

pilas (ponerse las) *loc.*
MEXER-SE, APRESSAR-SE

—*Tía, **ponte las pilas**, que lo vas a catear todo otra vez.* • *Mexa-se ou você vai ser reprovada outra vez.*

pilila *subs. f.*
PIPI, PINTINHO

pillar *v.*
1 SACAR, ENTENDER, COMPREENDER

—*¿Lo **pillas** o no?* • *Sacou ou não?*

2 CONSEGUIR, OBTER

—*¿Vas a **pillar** algo de costo para esta noche?* • *Você vai conseguir um baseado para esta noite?*

3 PEGAR, AGARRAR, TRANSAR COM ALGUÉM, TREPAR COM ALGUÉM

—*¿**Pillaste** anoche?* • *Você transou ontem à noite?*

4 PRESO, APANHADO

—*Me han dicho que han **pillado** al camello del barrio.* • *Me disseram que o traficante do bairro foi preso.*

piltrafa subs. f.
FARRAPO, MALTRAPILHO

—¡Estás hecho una **piltrafa**! • Você está um farrapo!

TAMBÉM SE DIZ PILTRAFILLA

pinchar v.
1 MIXAR (DJ), TOCAR

—¿Quién **pincha** hoy en el Sidecar? • Quem vai mixar no Sidecar esta noite?

2 PROVOCAR, IMPLICAR, IRRITAR

—Mi hermana me está **pinchando** todo el día. • Minha irmã me provoca o dia todo.

3 pinchar (el teléfono) loc.
GRAMPEAR (o telefone)

—Al alcalde le han **pinchado el teléfono**. • O prefeito foi grampeado.

4 pincharse v. pron.
INJETAR-SE (droga), PICAR-SE

—Menos mal que Juan ya no **se pincha**. • Ainda bem que o Juan não se pica mais.

pino (en el quinto) loc.
ONDE JUDAS PERDEU AS BOTAS

—No tengo ganas de ir a su casa, vive **en el quinto pino**. • Não tenho vontade de ir à casa dele, ele mora onde Judas perdeu as botas.

Também se diz **donde Cristo perdió el gorro**.

pinta(s) subs. m.
LOOK, BOM ASPECTO

—¡Vaya **pintas** que me llevas! • Olha só o seu look!

piñata subs. f.
DENTES, PRESAS

—¡Vaya **piñata** que tiene ese! • Que dentes ele tem!

piño (pegarse un) loc.
CAIR, SOFRER UM ACIDENTE

—**Se pegó un piño** con la bici y volvió a casa cubierto de sangre. • Caiu da bicicleta e voltou para casa coberto de sangue.

pirado/a adj., subs.
DOIDO, PIRADO, MALUCO

—¡Tú estás **pirao**, tío! • Você está maluco, cara!

pirarse v. pron.
IR EMBORA, SUMIR, CAIR FORA, PUXAR O CARRO

—**Me piro** a casa, que estoy hecho una mierda. • Vou embora para casa, estou morto.

pirula subs. f.
1 PINTO, PÊNIS, MEMBRO

—¡Deja de tocarte la **pirula**! • Pare de pegar no pinto!

2 INFRAÇÃO

—*Acabas de hacer una **pirula** con el coche.* • *Você acaba de cometer uma infração com o carro.*

3 CHUPETA, BOQUETE

—*¿Me pasas una **pirula**?* • *Me faz um boquete?*

plantar *v.*

1 LARGAR, ABANDONAR

—*A Marga la han vuelto a **plantar**.* • *A Marga foi abandonada de novo.*

2 dar plantón *loc.*

DAR O CANO, DEIXAR PLANTADO

—*A mí también me **han dado plantón**.* • *Deram o cano em mim também.*

plasta *adj., subs.*

CHATO/A, PENTELHO/A, IRRITANTE, MALA SEM ALÇA

—*Ya sabía que tu amigo era pesadito, pero nunca imaginé que lo era tanto. Dios, ¡qué **plasta**!* • *Eu sabia que o seu amigo era meio chato, mas nunca imaginei que fosse tanto. Meu Deus, que mala sem alça!*

pluma (tener) *loc.*

SER AFETADO/A, SER AFEMINADO

—*El hermano de Javier solo tiene 12 años, pero **tiene mucha pluma**.* • *O irmão de Javier tem apenas 12 anos, mas já é muito afetado.*

polla *subs. f., vulg.*

PÊNIS, PAU, CARALHO

pollo (montar un) *loc.*

RODAR A BAIANA, ARMAR CONFUSÃO, BAGUNÇA, ESCÂNDALO, ZORRA

—*Me **han montado un pollo** por nada.* • *Me armaram uma confusão por nada.*

polvo *subs. m.*

1 echar un polvo

TREPAR, TRANSAR

—*Hace la tira que no **echo un polvo**.* • *Não transo há séculos.*

2 tener un polvo *loc.*

SER DESEJÁVEL SUXUALMENTE, SER GOSTOSO/A

—*¡Esa piba **tiene un buen polvo**!* • *Essa mulher é gostosa!*

poner *loc.*

AGRADAR, ACHAR EXCITANTE, EXCITAR

—*Y a ti, ¿qué **te pone**?* • *E quanto a você, o que o excita?*

porro *subs. m.*

BASEADO, BAGULHO, FUMO

—*¡Pásame el **porro**!* • *Passe o bagulho!*

Também **peta**, **canuto**, **fly**.

potar *v.*
VOMITAR

—¿Quién ha **potado** en el baño? • Quem vomitou no banheiro?

potorro *subs. m., vulg.*
GATA, GATINHA

potra (tener) *loc.*
TER SORTE, TER RABO, SER RABUDO

—¡Tú sí que **tienes potra** siempre! • Você, sim, sempre é rabudo!

primo/a *adj., subs.*
QUE É LEVADO NA CONVERSA, LEVADO NO BICO, INGÊNUO, OTÁRIO, PATETA

—No sé cómo te las arreglas, pero siempre estás haciendo el **primo**. • Não sei como você faz, mas acaba sempre sendo levado no bico.

pringar *v.*
1 DAR DURO, RALAR

—Aquí solo **pringo** yo. • Aqui só eu ralo.

2 pringado/a *subs.*
TROUXA, PÉ-RAPADO

—¡Eres un **pringao**! • Você é um trouxa!

privar *v.*
1 ENTORNAR, BEBER

—Estuvimos **privando** toda la noche. • Entornamos a noite toda.

2 priva *subs. f.*
BEBIDA (qualquer tipo de bebida alcoólica)

—¿Llevamos **priva** a la fiesta? • Levamos bebida para a festa?

puerta *interj.*
FORA!, SE MANDA!

—Si quieres, dale otra oportunidad pero, a la mínima, ¡**puerta**! • Se você quiser, dê-lhe outra oportunidade, mas, se pisar na bola, fora!

puesto/a (ir) *loc.*
ESTAR CHAPADO/A, DROGADO/A

—Este tío **va puesto**. Mírale los ojos. • Esse cara está chapado. Veja os olhos dele.

pulirse *v. pron.*
GASTAR EXCESSIVAMENTE (dinheiro), TORRAR

—**Me he pulido** toda la pasta durante las vacaciones. No me queda ni un duro. • Torrei toda a minha grana durante as férias. Não tenho mais nem um puto.

pulpo *subs. m.*
APALPADOR, MÃO-BOBA

—¡Las manos quietas, **pulpo**! • Tire as patas, mão-boba!

punto *subs. m.*

1 O MÁXIMO, DEMAIS, O/A MELHOR

—*¡Eso ha sido un **punto**! ¡Un **puntazo**, sí señor!* • *Isso foi demais! O máximo, sim senhor!*

Também se diz **puntazo**.

2 coger el puntillo *loc.*
ESTAR EMBRIAGADO/A, BÊBADO/A, ALEGRE

—*Me moló ayer porque solo **cogimos el puntillo**, así que hoy no tengo resaca.* • *Gostei de ontem porque ficamos somente um pouco alegres, por isso não estou de ressaca hoje.*

3 darle el puntazo a alguien *loc.*
SEM EXPLICAÇÃO, DE REPENTE, SEM MAIS NEM MENOS

—***Le dio el puntazo** y nos dejó allí tirados.* • *Sem mais nem menos ele nos deixou na mão.*

4 y punto *expr.*
E PRONTO, É ISSO!

—*Si no te gusta, se lo dices **y punto**. Ya lo entenderá.* • *Se você não gosta, diga e pronto, ele entenderá.*

puta madre (de) *loc.*
INCRÍVEL, DEMAIS

—*Sara es una tía **de puta madre**. Nunca te dejará tirada.* • *Sara é demais. Nunca deixará você na mão.*

putada *subs. f.*
MALDADE, SACANAGEM, SUJEIRA, CANALHICE

—*¿Qué **putada** lo del piso! ¿Y ahora qué vas a hacer?* • *Que sacanagem o negócio do apartamento! O que você vai fazer agora?*

putear *v.*

1 CHATEAR, CONTRARIAR, IRRITAR, APORRINHAR, APRONTAR

—*Este año voy a **putearlo** mucho. Iré a por él desde el primer día.* • *Este ano, vou aprontar muito com ele. Vou encher o saco dele a partir do primeiro dia.*

2 puteado/a *adj.*
ENGANADO/A, TRAÍDO/A

—*La verdad es que voy a dejarlo porque me tienen muy **puteado**.* • *A verdade é que vou deixá-lo porque estou sendo enganado.*

putero *subs. m.*
HOMEM QUE TRANSA COM PROSTITUTAS, PUTANHEIRO

—*Nadie hubiera dicho que Jaime es un **putero**.* • *Quem diria que Jaime é um putanheiro.*

NO TENÍA NI IDEA DE LA MITAD DE LAS PREGUNTAS DEL EXAMEN. CASI TODAS LAS CONTESTÉ A VOLEO.
• NÃO TINHA IDEIA NEM DA METADE DAS PERGUNTAS DA PROVA. RESPONDI QUASE TUDO NO CHUTE.

quedada subs. f.
REUNIÃO, ENCONTRO

—*Se ha convocado una **quedada** por internet para hacer un botellón en la playa.* • *Convocaram um encontro pela internet para uma festa na praia.*

quedarse v. pron.
1 quedarse con algo loc.
ENTENDER, SACAR, CAPTAR

—*¿Te has **quedado con algo** de lo que ha dicho?* • *Você entendeu alguma coisa do que ele disse?*

2 quedarse con alguien loc.
BRINCAR COM ALGUÉM, RIR DA CARA DE ALGUÉM

—*¿Te estás **quedando conmigo**?* • *Você está brincando comigo?*

quemar v.
CANSAR, CONSUMIR (fisicamente e psicologicamente)

—*Este curro me está **quemando** mogollón.* • *Este trabalho está me consumindo.*

que me quiten lo bailao expr.
"NO FINAL DAS CONTAS, VALEU A PENA"

—*Me fui de fiesta y llegué sin dormir al avión, pero **que me quiten lo bailao**.* • *Fui para a balada, cheguei sem dormir ao avião, mas, no final das contas, valeu a pena.*

Esta expressão é usada quando temos de trabalhar ou cumprir uma atividade importante apesar de estarmos de ressaca, cansados ou, de maneira geral, não nos sentirmos em forma. A satisfação de ter passado um bom momento na véspera supera o estado físico do dia seguinte.

quillo/a adj., subs.
MARGINAL, VAGABUNDO

—*Por aquí hay mucho **quillo**.* • *Está cheio de marginais por aqui.*

quiqui (echar un) loc., vulg.
DAR UMA RAPIDINHA

—*¿Guapa, **echamos un quiqui**?* • *Querida, vamos dar uma rapidinha?*

Também se pode escrever **echar un kiki**.

R

rajar v.
1 INSULTAR, DIFAMAR (criticar)

—¡Vale ya de **rajar** de todo el mundo! Que tú tampoco eres perfecto, ¿eh? • Pare de insultar todo mundo! Você também não é perfeito, ok?

2 rajado/a adj., subs.
MEDROSO/A, CAGÃO/ONA

—¡Vaya **rajado**, mira que suspender la fiesta por miedo a los vecinos! • Que cagão! Ele está cancelando a festa por medo dos vizinhos!

3 rajarse v. pron.
FRAQUEJAR, CEDER

—Al final **se rajó** y suspendió la fiesta. • No final, ele cedeu e cancelou a festa.

rascar v.
APROVEITAR, CURTIR

—Vámonos, que aquí ya no hay nada que **rascar**. • Vamos, não há mais nada para curtir aqui.

raya subs. f.
1 CARREIRA DE COCAÍNA

—Entré al baño y allí todo el mundo se estaba metiendo **rayas**. • Entrei no banheiro e todo mundo estava cheirando carreiras.

2 pasarse de la raya loc.
ABUSAR, ULTRAPASSAR OS LIMITES, IR LONGE DEMAIS

—Hay peña que **se pasó de la raya** en mi fiesta. • Teve gente que passou dos limites na minha festa.

rayar v. pron.
1 CHATEAR, ENCHER

—Me **estás rayando** mogollón con tus historias. • Você está me enchendo muito com suas histórias.

2 rayarse v. pron.
ESQUENTAR A CABEÇA

—No **te rayes** tanto con ese asunto, no merece la pena. • Não esquente tanto a cabeça com esse assunto, não vale a pena.

rebotarse v. pron.
FICAR CHATEADO, ZANGAR-SE

—**Se ha rebotado** mogollón conmigo por una chorrada.

• *Ele ficou chateado comigo por causa de uma idiotice.*

regatear *v.*
PECHINCHAR, CHORAR (o preço)

—*Me encanta ir con María a los mercadillos porque ella sí que sabe **regatear**.* • *Adoro ir à feira com a María porque ela sim sabe pechinchar.*

repatear *v.*
CHATEAR, ENCHER

—*Me **repatea** que le hayan dado el trabajo a ella.* • *Me chateia que tenham dado o trabalho para ela.*

resaca *subs.*
RESSACA

—*¡No puedo salir del sobre, tengo una **resaca** de la leche!* • *Não consigo sair da cama, estou com uma puta ressaca!*

rollo *subs.*
1 CHATICE, ABORRECIDO/A, PORRE

—*¡Qué horror, qué **rollo** de clase!* • *Que horror! Que chatice de aula!*

2 ROLO, AVENTURA (amorosa)

—*¿Qué tal tu nueva novia? // No es mi novia, es solo un **rollo**.* • *E aí, como vai a nova namorada? // Não é minha namorada, é só um rolo.*

3 buen/mal rollo
CLIMA BOM, CLIMA RUIM

—*En nuestro curro hay muy **buen rollo**.* • *No trabalho há um clima muito bom.*

rosco (no comerse un) *loc.*
NÃO PEGAR NINGUÉM (seduzir)

—*No me comí un **rosco** en la fiesta del viernes.* • *Não peguei ninguém na festa de sexta-feira.*

rular *v.*
1 ANDAR, FUNCIONAR, IR PARA A FRENTE

—*Este tema no **rula**. Habrá que tomar decisiones pronto.* • *Este tema não vai para a frente. Logo teremos de tomar uma decisão.*

2 ENROLAR (um baseado)

—*Yo **rulo** el porro, que tú eres un negado.* • *Deixa que eu enrolo o baseado, você é uma negação pra isso.*

3 PÔR PARA CIRCULAR

—*¡Oye, ya vale de monopolizar el porrito, que **rule** de una vez!* • *Ei, pare de monopolizar o bagulho, ponha para circular!*

sablazo *subs. m.*
CACETADA, MUITO CARO, CONTA EXAGERADA NUM HOTEL OU RESTAURANTE, METER A FACA

—*No vayas a ese restaurante porque siempre nos meten un **sablazo** de la hostia.* • *Não vá àquele restaurante, porque eles metem a faca.*

saco (a) *loc.*
MUITO, DEMAIS

—*Cuando salgo con mis colegas privamos **a saco**.* • *Quando saio com meus amigos, bebemos muito.*

salido/a *adj., subs.*
GARANHÃO, COMEDOR, PEGADOR

—*Estás más **salido** que un viejo verde.* • *Você é mais comedor que um velho safado.*

salir *v.*
1 SAIR

—*¿Sabes que Víctor está **saliendo** con Ana?* • *Você sabia que o Víctor está saindo com a Ana?*

2 salir por patas *loc.*
IR EMBORA DEPRESSA, SAIR CORRENDO, CORRER, MANDAR-SE, FUGIR

—*Tuvimos que **salir por patas** del bar porque casi zurran a Enrique.* • *Tivemos que sair correndo do bar porque quase surraram o Enrique.*

3 salirle a alguien el tiro por la culata *loc.*
O TIRO SAIR PELA CULATRA

4 salirse *v. pron.*
DEMAIS, ÓTIMO/A, INCRÍVEL, DE ARRASAR, ARREBENTAR
(destacar-se)

—*Benicio del Toro **se sale** en "El Che".* • *Benicio del Toro está incrível em "Che".*

Também se diz **bordarlo**.

saque *subs. m.*
SER BOM DE COPO

—*¡Qué **saque** tienes, bebes más que un cosaco!* • *Como você é bom de copo, bebe mais que um cossaco!*

seco/a *adj.*
1 SEDE

—*Vamos a tomar una birrita, que estoy super**seca**.* • *Vamos tomar uma cervejinha, estou com muita sede.*

2 DURO, SEM GRANA

—*Estoy **seco**, tío. ¿Me puedes dar algo de pasta?* • *Estou duro, cara. Você pode me arrumar uma grana?*

3 ESQUELÉTICO/A, SECO/A

—*Está muy **seca**.* • *Está esquelética.*

segurata subs. m. e f.
VIGIA, SEGURANÇA

—*El **segurata** del bar de ayer era un gilipollas y no nos dejó pasar.* • *O segurança da discoteca de ontem era um idiota. Ele não nos deixou entrar.*

sembrado/a adj.
1 ESPERTO/A (iron.)

—*Tío, has estado **sembrado** al preguntarle por su madre. ¿No sabías que falleció hace un mes?* • *Cara, que esperto você foi ao perguntar da mãe dele. Não sabia que ela morreu há um mês.*

2 INSPIRADO/A

—*Estoy **sembrado**. Llevo tres exámenes seguidos aprobados.* • *Ando inspirado. Fui bem em três provas seguidas.*

sinpa (hacer un) loc.
SAIR DE FININHO, SAIR SEM PAGAR

—*No me extraña que no os deje pasar, si siempre que podéis **hacéis un sinpa**.* • *Não me espanta que ele não deixe vocês entrarem se, sempre que possível, vocês saem sem pagar.*

sobar v.
1 DORMIR, PEGAR NO SONO

—*Esta noche **sobamos** en casa de Raquel.* • *Esta noite, pegamos no sono na casa da Raquel.*

2 APALPAR, ACARICIAR

—*¡Las manos quietas, que no me gusta que me **soben**!* • *Pare com essas mãos! Não gosto que me apalpem.*

3 sobado/a adj.
PREGADO/A, CANSADO/A, SONOLENTO/A

—*¡Estoy super**sobado**, me voy a la piltra!* • *Estou pregado, vou para a cama!*

4 sobón/ona adj., subs.
CHATO, PEGAJOSO

—*¡Tío, eres un **sobón**!* • *Cara, você é um chato!*

sobrado (ir de) loc.
GABAR-SE, VANGLORIAR-SE

—*Una cosa es ser muy bueno en algo y otra es **ir de sobrado**.* • *Uma coisa é ser bom em algo, outra é se gabar.*

sobre subs. m.
CAMA, BERÇO

—*Me voy al **sobre**, que mañana curro temprano.* • *Vou para a cama porque amanhã trabalho cedo.*

sonar v.
LEMBRAR ALGUMA COISA, SER FAMILIAR (assemelhar)

—*Este actor **me suena** mucho. ¿No es el que salía en "Lost"?* • *Esse ator me é familiar. Não era ele que atuava em "Lost"?*

soplar v.
1 SURRUPIAR, AFANAR, FURTAR

—*Me han **soplado** la cartera en el metro.* • *Afanaram a minha carteira no metrô.*

2 BEBER MUITO, ENXUGAR

—***Nos soplamos** una botella de whisky entre los dos.* • *Nós dois enxugamos uma garrafa de uísque.*

3 DELATAR, DEDURAR, DEDAR, DENUNCIAR

—*Alguien les **sopló** dónde estaba el zulo.* • *Alguém dedurou o local do esconderijo.*

4 soplón/ona adj., subs.
DEDO-DURO, DELATOR, INFORMANTE

—*Cogieron al sospechoso porque la pasma tenía un **soplón**.* • *Os policiais prenderam o suspeito porque tinham um informante.*

subidón subs. m.
AUMENTO DA ADRENALINA, ANIMAÇÃO, EXCITAÇÃO

—*Solo de pensar en ganar el premio, me entra el **subidón**.* • *Só de pensar em ganhar o prêmio, aumenta a minha adrenalina.*

O CONTRÁRIO DE SUBIDÓN É BAJÓN

sudar v.
sudársela a alguien loc., vulg.
ESTAR POUCO SE FODENDO

—*¡**Me la suda**!* • *Estou pouco me fodendo!*

OUTRAS EXPRESSÕES SIMILARES (E TAMBÉM VULGARES): ME LA PELA OU ME LA TRAE FLOJA

super adv.
SUPER, MEGA

—*Esto es **super**chungo.* • *Isso é super mau.*

tacos *subs. m., pl.*
ANOS, "PRIMAVERAS"

—*Mi viejo hoy cumple 60 **tacos**.*
• *Meu velho faz 60 anos hoje.*

taja *subs. f.*
BEBEDEIRA, PORRE

—*Pillamos una buena **taja** el viernes.* • *Tomamos um belo porre sexta-feira.*

tajada (sacar) *loc.*
TIRAR PARTIDO, LEVAR VANTAGEM

—*Mario siempre **saca tajada** de todo.* • *O Mario sempre leva vantagem em tudo.*

talego *subs. m.*
PRISÃO, CADEIA, CANA

—*Estuve tres meses en el **talego**.*
• *Passei três meses em cana.*

talibán *subs. m.*
MACHO, HOMEM AUTORITÁRIO, MACHISTA

—*El novio de mi vecina es un **talibán**, a la pobre no le deja hacer nada.* • *O namorado da minha vizinha é um machista. Não deixa a coitada fazer nada.*

tela (tener) *loc.*
1 DAR PANO PARA MANGA, SER COMPLICADO, NÃO SER POUCA COISA

—*El asunto **tiene** mucha **tela**.*
• *Esse assunto dá pano para manga.*

2 ¡vaya tela! *expr.*
QUE COISA!

teta (pasárselo) *loc.*
DIVERTIR-SE, ENTRETER-SE, CURTIR

—***Lo pasamos teta** en la fiesta.*
• *Nos divertimos na festa.*

2 tetas *subs. f. pl.*
PEITOS, TETAS, MAMAS

—*¡Vaya **tetas** que tiene esa!* • *Que peitos que ela tem, nossa!*

tigre (oler a) *loc.*
CHEIRAR MAL, FEDER

—*Abrid una ventana, por favor, que **huele a tigre**.* • *Abram uma janela, por favor, está cheirando mal aqui.*

tío/a *subs.*
CARA, MANO, MINA, GATA

—*Es genial este **tío**, ¡creo que me voy a enamorar!* • *Aquele cara é demais. Acho que vou me amarrar nele!*

tiquismiquis *subs. m. e f.*
FRESCO/A, ENJOADO/A

—*¡No seas tan **tiquismiquis** y cómetelo!* • *Deixe de ser enjoado e coma!*

tira (hacer la) *loc.*
HÁ SÉCULOS, HÁ MUITO TEMPO

—*¡Joder, **hacía la tira** que no nos habíamos visto! ¡Vaya mala pinta que tienes, no te había reconocido!* • *Nossa, faz um século que não nos vemos! Você está tão acabado que não o reconheci!*

tirado/a *adj.*
1 SER UM BOM NEGÓCIO, SER UM ACHADO, SER BARATO

—*Esos zapatos están **tirados** de precio.* • *Esses sapatos são um verdadeiro achado.*

2 SER FÁCIL, SER BICO, SER BABA

—*El examen estaba **tirado**.* • *A prova estava baba.*

3 dejar tirado/a *loc.*
DEIXAR PLANTADO, DEIXAR NA MÃO, ABANDONAR

—*¡Qué morro, tíos, me **dejasteis tirada** en el último bar!* • *Que sacanagem, caras! Vocês me deixaram plantada no último bar!*

tirar los tejos *loc.*
DAR EM CIMA DE ALGUÉM, PAQUERAR, AZARAR

—*Le **tiré los tejos** toda la noche y, total, para nada.* • *Dei em cima dela a noite toda, mas no final não deu em nada.*

tirarse *v. pron., vulg.*
TRANSAR, COMER, TRAÇAR

—*Este tío es un salido, intenta **tirarse** a todo lo que se mueve.* • *Esse cara é um comedor, tenta traçar tudo o que se move.*

tocapelotas *subs. m. e f.*
CHATO, MALA

—*¡Este tío es un **tocapelotas**! No lo soporto.* • *Esse cara é um mala! Não o suporto.*

tocho subs. m.
LIVRÃO, CATATAU

—Me estoy leyendo un **tocho** de 900 páginas. • Estou lendo um catatau de 900 páginas.

tomate subs. m.
CONFUSÃO, DESORDEM, ZONA

—¡Aquí hay **tomate**! • Que desordem aqui!

tope adv.
1 MUITO, MEGA

—¡Es **tope** guay! • É muito legal!

2 a tope loc.
A FUNDO, COMPLETAMENTE, INTENSAMENTE

—Hay que vivir **a tope**. • É preciso viver a fundo.

3 hasta los topes loc.
CHEIO/A, LOTADO/A

—El concierto estaba **hasta los topes**. • O show estava lotado.

toque (dar un) loc.
1 TELEFONAR, LIGAR

—¿Me **darás un toque** cuando tengas noticias? • Você me liga quando tiver notícias?

2 AVISAR, DAR UM TOQUE

—**Dale un toque** a Fernando, que últimamente se está colgando mucho. • Dê um toque para o Fernando, ele tem furado muito ultimamente.

tortillera subs. f., vulg.
SAPATÃO, LÉSBICA

—Carla es **tortillera**. Le van las tías. • A Carla é sapatão. Ela gosta de mulheres.

tostar v.
QUEIMAR, GRAVAR (um CD)

—He **tostado** todos estos CDs. • Queimei todos estes CDs.

tostón subs. m.
PORRE, CHATO/A, SACO, IRRITANTE

—La conferencia de ayer fue un **tostón**. • A conferência de ontem foi um porre!

total adj.
DEMAIS, GENIAL, FORMIDÁVEL, INCRÍVEL, IMPRESSIONANTE, O MÁXIMO

—¡Es **total** esa idea! • Essa ideia é genial!

tranqui adj.
CALMA, NÃO SE PREOCUPE

—¡Eh, **tranqui**! ¡Déjame aparcar, que no vas a perder el tren! • Calma! Deixe-me estacionar. Você não vai perder o trem.

trapichear *v.*
TRAFICAR, PASSAR (a droga)

—Le han metido en el talego por **trapichear** a la salida del instituto. • *Ele foi em cana porque traficava na saída do colégio.*

travelo *subs. m.*
TRAVESTI, TRAVECO

—Por la zona del estadio hay muchos **travelos**. • *Na região do estádio há muitos travecos.*

trola *subs. f.*
1 LOROTA, MENTIRA

—Tu hermano nos ha contado una **trola**. Nunca ha salido con una modelo. • *Seu irmão nos contou uma mentira. Ele nunca saiu com uma modelo.*

Trola e **bola** são sinônimos.

2 trolero/a *adj., subs.*
MENTIROSO

—No te creas nada de lo que dice, es un **trolero**! • *Não acredite em nada do que ele diz, ele é um mentiroso!*

truño *subs. m.*
1 COCÔ, BARRO, BOSTA, TROÇO

—¡Qué asco! ¿Quién ha dejado un **truño** en el cagadero? • *Que nojo! Quem deixou um troço na privada?*

2 GRANDE MERDA, PORCARIA

—No vayas a ver esta peli. Es un **truño**. • *Não vá ver esse filme, é uma porcaria.*

tunear *v.*
TURBINAR

—Un colega mío se ha gastado un pastón en **tunearse** el coche: hasta se ha puesto un minibar. • *Um colega meu gastou a maior grana para turbinar o carro: pôs até um minibar.*

turca (pillar una) *loc.*
TOMAR UMA BEBEDEIRA, TOMAR UM PORRE, ENCHER A CARA

—**Pillaron una** buena **turca** en la fiesta. • *Eles tomaram um belo porre na festa.*

tutiplén (a) *loc.*
EM ABUNDÂNCIA, CHEIO/A, MUITO CHEIO

—Había comida **a tutiplén** en la fiesta. • *Tinha comida em abundância na festa.*

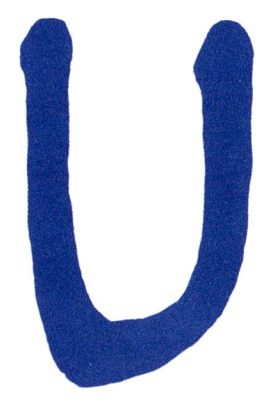

último (lo) *loc.*
ERA SÓ O QUE FALTAVA, É O CÚMULO, É O FIM DA PICADA

—*Esto es lo último: encima se enfada ella.* • *Era só o que faltava: apesar de tudo, é ela quem fica brava!*

ultra *adj., subs.*
RADICAIS (grupo extremista de algo)

—*Los ultras del Valencia la liaron mazo después del partido contra el Sevilla.* • *Os radicais do Valencia armaram a maior confusão após o jogo contra o Sevilla.*

urbanita *subs. m. e f.*
URBANO, PESSOA DA CIDADE

—*El tío no sale nunca de Madrid. Es cien por cien urbanita.* • *Esse sujeito nunca sai de Madri. É um cara da cidade.*

vacilar *v.*
1 ZOMBAR, GOZAR, ZOAR

—*Tu primo me estuvo vacilando toda la noche. Al principio era divertido, pero acabé hasta los huevos de él y de sus bromitas.* • *Seu primo ficou me zoando a noite toda. No início era divertido, mas acabei de saco cheio dele e de suas brincadeirinhas.*

2 vacilón/ona *adj., subs.*
ENGRAÇADO/A, GOZADOR/A, BRINCALHÃO/ONA

—*Tu novio es un vacilón, nunca va en serio.* • *Seu namorado é um gozador, nunca fala sério.*

veleta *subs. m. e f.*
VOLÚVEL, INCONSTANTE

—*Pareces una veleta, siempre estás cambiando de opinión.* • *Você é muito volúvel, está sempre mudando de opinião.*

ventilarse *v. pron.*
GASTAR, TORRAR, CONSUMIR

—*El alcalde dice que no hay dinero para construir el pabellón. Claro, como **se ventilaron** toda la pasta en el nuevo ayuntamiento...* • *O prefeito diz que não há dinheiro para construir o pavilhão. Claro, eles torraram toda a grana na nova prefeitura...*

verde *adj.*
1 estar/ponerse verde (de envidia)
FICAR PASSADO, MORRER DE INVEJA

—*Le subieron tanto el sueldo que **me puse verde de envidia** cuando me enteré.* • *Aumentaram tanto o salário dele que morri de inveja quando soube.*

2 poner verde *loc.*
METER O PAU EM ALGUÉM, CRITICAR

—*Me **puso verde** delante de todo el mundo y se quedó tan ancha, la tía.* • *Ela meteu o pau em mim na frente de todo mundo e ficou toda satisfeita.*

víbora *subs. f.*
VÍBORA, MÁ, TRAIÇOEIRA

—*¡Menuda **víbora** la vecina de abajo!* • *Que víbora a vizinha do andar de baixo!*

vidilla (dar) *loc.*
ANIMAR

—*Vamos a poner un par de fotos en la web para **darle** un poco de **vidilla**.* • *Vamos colocar algumas fotos na web para animar um pouco tudo isso.*

vidorra *subs. f.*
VIVER BEM, BOA VIDA

—*Desde que dejaste ese curro, menuda **vidorra** que te pegas.* • *Desde que deixou o trabalho, você vive bem.*

viejo/a *subs.*
1 VELHO (pai), VELHA (mãe)
—*¿Me das pelas, **viejo**?* • *Me arruma uma grana, velho?*

2 viejo verde
VELHO SAFADO

—*Mi vecino es un **viejo verde**. Está totalmente obsesionado con las chicas jóvenes.* • *Meu vizinho é um velho safado. É completamente obcecado por menininhas.*

voleo (a) *loc.*
A OLHO, NO CHUTE

—*No tenia ni idea de la mitad de las preguntas del examen. Casi todas las contesté **a voleo**.* • *Não tinha ideia nem da metade das perguntas da prova. Respondi quase tudo no chute.*

ya vale *interj.*
CHEGA, BASTA

—**Ya vale** de pedir dinero. Confórmate con lo que tienes, que no es poco. • Chega de pedir dinheiro. Conforme-se com o que tem, que não é pouco.

ya te vale *interj.*
NÃO ESTAR NEM AÍ, NÃO ESQUENTAR A CABEÇA

—Joder, pavo, **ya te vale**. Mira que no avisar de que no venías… • Puta merda, cara, você não está nem aí. Poderia ter me avisado que não vinha…

yogurín/ina *subs.*
GAROTO/A, GAROTINHO/A

—Dicen que Marina está saliendo con un **yogurín**. • Dizem que a Marina está saindo com um garoto.

yonqui *subs. m. e f.*
DROGADO, VICIADO

—Esta zona está llena de **yonquis**. • Esta região está cheia de drogados.

yuyu *subs.*
1 dar yuyu
ASSUSTAR, DAR MEDO, DAR CAGAÇO

—La magia negra me **da** mucho **yuyu**. • A magia negra me assusta muito.

2 dar un yuyu
DESMAIAR, APAGAR

—A una compañera del trabajo le **dio un yuyu** ayer por la tarde. • Ontem à tarde, uma colega de trabalho desmaiou.

yayo/a *subs.*
VOVÔ, VOVOZINHO, VOVÓ, VOVOZINHA

—El **yayo** me ha regalado un iPod y la **yaya** un diccionario de inglés. // ¡Qué monos! • O vovô me deu um iPod de presente, e a vovó, um dicionário de inglês. // Como eles são fofos!

zampar *v.*
DEVORAR, RANGAR

—¿Te lo has **zampado** todo? ¡Menudo saque que tienes! • Você devorou tudo? Que comilão!

zarpa (meter la) *loc.*
METER O NARIZ

—Te encanta **meter la zarpa** en todo. • Você adora meter o nariz em tudo.

zombi (ir/estar) *loc.*
ZUMBI (ir/estar)

—Yo todas las mañanas **voy zombi** al curro. • Todas as manhãs, vou como um zumbi para o trabalho.

zorra *subs. f.*
PUTA, SACANA, VAGABUNDA

—¡Eres una **zorra**, aléjate de mi novio! • Você é uma vagabunda! Afaste-se do meu namorado!

zumbado/a *adj., subs.*
PIRADO/A, MALUCO/A, DOIDO/A

—Ese tío esta muy **zumbado**. Está convencido de que es la reencarnación de un frailecillo islandés. • Esse cara está muito pirado. Está convencido de que é a reencarnação de um papagaio islandês.

zurrar *v.*
DAR UMA SURRA, DAR UM PAU

—Me **zurraron** unos macarras en el metro. • Uns vagabundos me deram uma surra no metrô.

zurullo *subs. m.*
COCÔ, TROÇO, BARRO

—¡Qué asco! Hay un **zurullo** enorme en el váter. A ver si tiramos de la cadena, que para algo está. • Que nojo! Tem um cocô enorme na privada. Vamos ver se puxamos a descarga, afinal é para isso que ela serve.

1ª edição janeiro de 2013 | **Diagramação** Studio 3
Fonte Bauer Bodoni, Plantin | **Papel** Offset 120g
Impressão e acabamento Yangraf